柴宇瀚　彭啤

# 香港街道畫當年

# 香港街道

## 畫當年

柴宇瀚　彭啤

# 自序

自 2019 年起，在天地圖書和各位讀者的支持和鼓勵下，我們寫成《灣仔畫當年》（2019 年）與《深水埗畫當年》（2021 年）。近兩年我們默默耕耘，再寫成《香港街道畫當年》，繼續以深入淺出的筆觸、圖文並茂的方式，向讀者介紹香港古往今來的變化，期望地區研究及城市速寫的寬廣度繼續向前。

多年以來，我們聽到不少讀者按照以上著作，穿梭大街小巷，甚至有老師帶領同學到灣仔或深水埗考察，廣尋史蹟。打破疫情障礙，推動地區研究，畫出心目中的香港，繼而尋章摘句，搜羅相片，研究香港不同地區，撫今追昔，憶述當年。

地區研究並不局限於劃分 18 區來討論，還可以從不同方式着手，於是我們大膽嘗試，以香港街道為主軸帶領讀者回想當年，從街道名稱、建築物特色等，為地區研究的取材和角度開拓新一頁，盼能將研究成果公諸同好，傳承地區文化，繼往開來。

## 城市速寫

香港歷史源遠流長，街道命名富有特色，昔日建築的歐陸風情，華人社區的傳統信仰，街坊街里的人情世故，都是香港的特色所在。我們希望在本書中寫出香港往事，畫出香港特色，回望過去，展望將來。是次分成兩條香港島的散步路線：第一條遊走中環至西營盤，由皇后大道中開始講述香港開埠至今的變化，帶出昔日建築、華人社會、醫療與教育的發展；第二條遊走銅鑼灣至跑馬地，見證西方宗教團體、本地慈善組織、體育及娛樂場所等的演變。街道背後的故事，往往有一定的研究價值，期望各界人士能夠多參與地區研究，並踏出城市速寫的第一步。

疫情下這數年間，不少港人因各種原因離開香港這片出生

地，留下與離開的人背後各有故事。散聚有時，但在我城生活了數十載，情感上必然會依依不捨，可能是因為那不夜天的五光十色；街頭巷尾的各國美食；大時大節的歡樂氣氛；咫尺之間的自然風貌……一切皆蘊藏於這彈丸之地，麻雀雖小何止五臟俱全，這中西融會的特色，若說她擁有全世界也不為過。

對於我城情懷，大家總希望能以各樣方式去表達及記錄下來，方法有很多，攝影、繪畫、文字……等藝術形式，各有喜好。當中我們就選擇了繪畫與文字，兩者配合正好記錄筆者所身處的「當下」，同時為讀者預留幻想空間，將自身的回憶、經歷代入，產生共鳴。

城市速寫是一種無比自由的興趣，只要有一本簿、一支筆便可進行，而記錄、分享及鼓勵這三個重點，我們都希望能於寫生活動當中體現出來。城市速寫一般速寫時間快則三數分鐘；慢則三、四小時，畫家就是利用這段時間與繪畫的環境及街坊互動。互動就是一種沉浸式的四感體驗，當中光影、聲音、氣味、溫度每一部份有如畫作的調味料，令每幅畫更具層次與味道，同時亦賦予每幅畫經歷與故事。作品完成後畫家透過互聯網分享畫作，令世界了解到我們身邊的人和事，這種氛圍同時能鼓勵更多對寫生和社區研究有興趣的朋友加入，令這「民間回憶資料庫」日漸豐盛與多姿多彩。

我們謹以序文，向天地圖書及各位讀者再三致謝。著作若有不足之處，敬希各界不吝賜正。

柴宇瀚、彭啤
序於癸卯年初夏

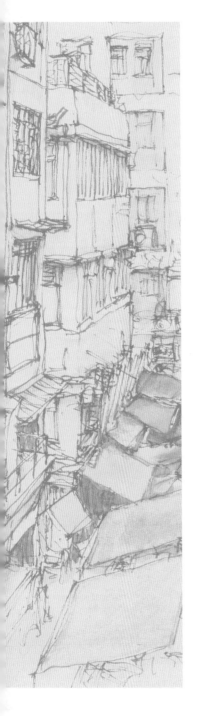

# 目錄

# 中環至西營盤

從皇后大道中漫步至般咸道，見證香港發展的縮影，沿途細看香港開埠以後的轉變：西式建築、華人廟宇、學校教育等等，使香港由一個華人地區，逐漸蛻變成一個華洋共處的地方。走入中西區，既可緬懷當年，還可深入了解我們的過去，回首百年，前瞻未來。

雀仔橋

正街

西區社區中心

西邊街

皇后大道西

東邊街

終點

般咸道

磅巷公廁
及浴室

香港大學
陸佑堂

英皇書院

西營盤社區綜合大樓

文武廟

公理堂

嘉咸街街市

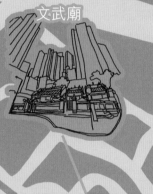

普仁街
太平山街
卜公花園
荷李活道

起點

中環街市

堅巷

必列者士街
永利街

結志街
嘉咸街

皇后大道中

堅巷花園

香港新聞博覽館

PMQ 元創方

# ① 皇后大道中

道光年間，清朝與英國因為鴉片貿易而發生衝突，最終在 1839 年，爆發鴉片戰爭。1841 年，英國人從水坑口街登陸後，決定以中環為市中心，但是中環平地不足，於是在西營盤至中環沿岸填海，興建第一條大馬路，全長四英里（約 6.4 公里），並於次年 2 月通車，紀念在任的維多利亞女王（Queen Victoria），稱為「皇后大道」（Queen's Road），然而翻譯時誤稱女王為「皇后」，後來一直「習非成是」，並沿用至今。其後皇后大道向東及西延伸，成為「皇后大道東」（德輔道中至黃泥涌道）及「皇后大道西」（水坑口街至卑路乍街），中間就稱為「皇后大道中」（德輔道中至水坑口街）。

開埠初期，英國人開闢皇后大道及政府山，興建輔政司署、郵局、宗教場所等。後來，為了遷就不少住在澳門的商人，於是在 1841 年 6 月 14 日，於澳門進行香港的首次土地拍賣，拍賣皇后大道至德輔道中的土地，後來土地逐漸發展成為各大洋行的碼頭，連接雲咸街、砵典乍街的上山道路，成為香港商業發展不可或缺的位置。1889 年的填海範圍廣闊，興建了皇后像廣場、太子行、皇后行、亞歷山大行等。皇后大道曾在日佔時期改稱「明治通」，1960 年代將德輔道中至軍器廠街改稱金鐘道（Queensway），英文名稱保留對維多利亞女王的尊敬。時至今日，皇后大道依然是香港島的發展命脈。

筆之隨想：以往著作中曾提及
我對轉角樓情有獨鍾，喜歡
它們的外形獨特而甚少重複。圖為
皇后大道中的啟豐大廈。

## 中環街市
中環皇后大道中 93 號及德輔道中 80 號

　　中環街市（Central Market），原名「廣州市場」（Canton Bazaar）。
1842 年 6 月 10 日，亦即香港開埠不久，廣州市場便已落成，設於皇后大道之
間（約為今日的皇后大道中與嘉咸街交界），不少人視之為第一代的中環街
市。自此以後，由皇后大道東行沿岸發展商業，南面山坡興建華人住宅，而
廣州市場正是為當地華人而設，由華人自行管理，廣設地攤，買賣頻繁，規
模龐大，是為中環街市的雛形。

　　後來政府一改以上規劃，將華人遷往港島西的太平山區，加上太平天國
事件在 1850 年代爆發，南來香港的人數倍增，西營盤人口東移，廣州市場不
足以應付需求，於是在 1858 年遷至皇后大道中與德輔道中現址，第二代的中
環街市正是由此而來。直至 1895 年建築物重建，運用維多利亞式建築（以瓦
面鋪成的尖頂建築物，設有陽台和走廊，也有精緻雕飾），由紅磚建成，並
以花崗岩裝飾，中間有塔式建築，成為第三代中環街市。自 1896 年起，中環
街市外更被用作露天劇場，播放電影，日漸成為華人的聚集勝地呢！

↑ 1910 年的皇后大道，左邊是中環街市。

↑ 中環街市現貌

**筆**之隨想：期待了近 20 年的活化工程，中環街
市終於 2021 年重新開放。此處的歷史教育與
商業活動並行，與大館等活化項目連成一條新的中
環歷史線。

1937 年，抗日戰爭全面爆發，不少內地居民南來香港，以致香港人數倍增，令第三代中環街市不足以應付需求，於是在 9 月 15 日拆卸，並由工務司署在次年 3 月設計，耗資 90 萬元重建。新設計運用包浩斯風格（Bauhaus，現代主義建築的其中一種，以簡約實用為主），以當時盛行圓角設計的特色，配以摩登流線型建造（建築呈流線型，有如船隻，並將轉角位置改成弧形），建築物兩側有簷篷遮風擋雨，成為第四代中環街市。

　　第四代中環街市在 1939 年 5 月落成，當時期望建成最現代化的街市。1941 年香港保衛戰爆發時，中環街市搖身一變，成為糧食配給站，向民眾派米，街市外總有一條長長的人龍。不久之後香港淪陷，日佔時期開始，中環街市曾改稱「中央市場」，重光後恢復原稱。直至 1990 年，中環街市被評為三級歷史建築，2017 年展開活化工程，並於 2021 年 8 月營運，延續香港人的集體回憶。

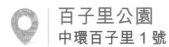

# 2 結志街

　　結志街（Gage Street）的中文街名是英文街名的音譯，原意是指抵押品，反映結志街昔日大押（當舖）之多。直至 19 世紀末，一群志同道合的革命人士曾經集結此地，力圖推翻滿清皇朝，使「結志」一名更具意義。

## 百子里公園
### 中環百子里 1 號

　　1890 年代初，革命家楊衢雲在結志街內的百子里（Pak Tsz Lane），與謝纘泰等人創辦革命組織輔仁文社，以「開通民智」、「盡心愛國」為宗旨，旨於推翻腐敗無能的清朝。後來，輔仁文社與興中會合併，總部設於士丹頓街的商號乾亨行。興中會籌劃 1895 年的廣州起義，以及 1900 年的惠州起義，可惜失敗告終。其間，楊衢雲擔任興中會會長，被視為革命領袖，起義失敗後返回香港教授英文，卻在 1901 年，於百子里寓所內被清朝派來的刺客暗殺，身中三槍死亡，享年 39 歲。直至 1911 年，辛亥革命成功，成立中華民國，革命歷時 17 年，終見所成。

　　百子里，原是結志街內的一條掘頭路，現已改善行人通道，連接百子里公園（Pak Tsz Lane Park），方便行人來往。公園內有輔仁文社社綱、社員相片、人物雕像，給遊人重溫昔日楊衢雲等人的革命歷程。公園亦為孫中山史蹟徑的一部份。

↑ 百子里公園一角

# 3 嘉咸街

　　嘉咸街（Graham Street）一帶在香港開埠前是一個華人的露天市場；香港開埠後，嘉咸街成為首批命名的 16 條香港街道之一，歷史悠久，名稱來自英國內政部長詹姆士·嘉咸爵士（James Graham）。那裏途人絡繹不絕，叫賣聲不絕於耳，別樹一幟。雨傘遍佈在街道上，色彩鮮艷，充滿香港地道風貌。後來，醬園、米舖、麵店、雜貨店等陸續遷入街道兩旁，貨品應有盡有。自此以後，嘉咸街逐漸成為市民經常聚集的地方，增強地方的凝聚力。直至目前為止，嘉咸街的露天市場已有超過 160 年歷史，廣為香港市民以至遊客所認識。

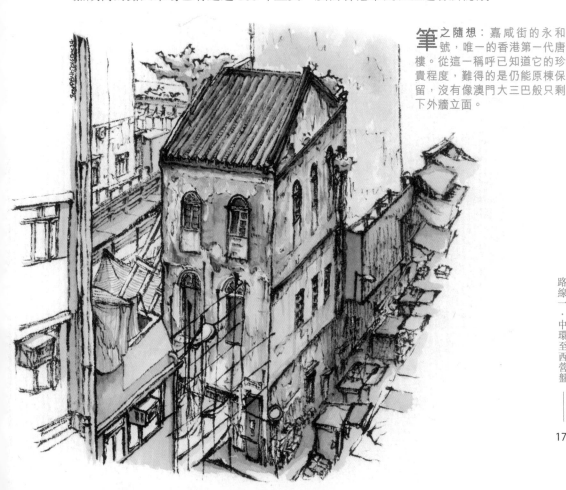

**筆**之隨想：嘉咸街的永和號，唯一的香港第一代唐樓。從這一稱呼已知道它的珍貴程度，難得的是仍能原棟保留，沒有像澳門大三巴般只剩下外牆立面。

路線一·中環至西營盤 ——

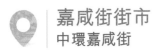

## 嘉咸街街市
### 中環嘉咸街

　　嘉咸街街市深入民心的魅力，更曾經吸引英女王伊利沙伯二世（Queen Elizabeth II）到訪。1975 年 5 月，英女王到訪香港。5 月 5 日早上，在未經安排下，英女王到訪水洩不通的嘉咸街，獲得市民熱烈鼓掌歡迎。英女王在翻譯人員的協助下，主動與小販及行人傾談，吸引不少途人圍觀。英女王在嘉咸街一帶步行約 20 分鐘後，乘車離去，繼續當天行程，親民形象深入民心。

　　時至今日，嘉咸街露天市場持續運作，街道上的攤檔依然隨處可見。人頭湧湧的場面，是嘉咸街的一大特色，延續嘉咸街露天市場的歷史。

↑ 嘉咸街街市

**筆**之隨想：永和號與嘉咸街的關係
就是無分彼此，街市與老店。

## H18 Conet
### 中環嘉咸街 23 號

　　位於嘉咸街與卑利街交界的 H18 Conet，是市區重建局於該區的主要發展項目之一，連結中環街市、中環中心（H6）及嘉咸街的 H18 等地，一起以 Conet 的名稱宣傳，希望在中環建立一個網絡，將中環連成一氣，為遊客提供一條舒適的觀光路線。

　　回顧 21 世紀初，嘉咸街開始籌備重建，集多用途於一身，既有住宅和商舖，也提供社區設施、公共休憩空間，並結合昔日嘉咸街露天市場的特色，設有「嘉咸市集」，加強保存區內歷史文化的傳統，延續露天市場百年以來的風土人情。

　　2020 年，H18 Conet 揭幕，雲集不同店舖，包括零售、餐飲等等，甚至吸引昔日露天的嘉咸市場「老字號」海鮮檔、肉檔、菜檔等遷入，引領着嘉咸街的發展，旨在改善市集內外的環境，同時發揮昔日守望相助的精神，細說嘉咸街的故事。

　　活化後的街市現已啟用，隨着人流增加，為區內注入新活力，並迎合不同人士的需要，擴闊中環的發展脈絡，為中環發展與民生帶來雙贏局面。

# 4 永利街

　　永利街（Wing Lee Street）憑着香港電影《歲月神偷》，成為香港人耳熟能詳的街道，甚至蜚聲國際。昔日聚居在永利街的人，多以潮汕籍或海陸豐人為主，以前只有居民及地舖職員出入，路口狹窄，而且是一條掘頭路。中間有 12 座 1950 年代建成的唐樓，人們在樓房前的空地漫步和談天，漸漸形成友好的睦鄰關係，發揮守望相助的精神。《歲月神偷》取材自這小社區並在此取景，記載了香港昔日的鄰里人情。

　　永利街一帶，有另一別稱「卅間」，究竟有甚麼意思呢？傳說香港開埠之初，永利街、華賢坊、必列者士街一帶，有 30 間房子都會在晚上點燈，為船家辨別方向。直至 1920 年代，「三十間」房子漸漸將「三十」兩字合而為一，成為「卅間」，發展成為一個小社區。二次大戰後，市面一片頹垣敗瓦，有鑒於此，該區華人遂於 1947 年成立「卅間復興委員會」，與政府商討重建大計，藉此加大討價還價的力度，此亦成為「卅間」這個名字永留史冊的鐵證。還有士丹頓街的「中區卅間街坊盂蘭會」，都是令「卅間」這個名稱得以保留的有力證據。

↑ 永利街

筆之隨想：城皇街是連接堅道與荷李活道的樓梯街，繁忙但不失優雅，居民每天穿梭，交織出緊密的鄰里關係。

　　1970 年代，永利街是印刷廠的集中地，全街有 12 間地舖，高峰期超過 10 間為印刷廠，到 1980 年代北移，現在只有不足 3 間。當時街道上來來往往的，不少是印刷師傅，他們都使用鉛字印刷、舊式印刷機等等，為香港各地的寫字樓大量印刷文件及卡片，見證香港印刷業的輝煌歲月。

　　2007 年，永利街被納入市區重建局項目，市民強烈要求保留原貌，加上《歲月神偷》屢獲殊榮，喚起市民高度關注，令保留永利街出現一線生機。直至 2010 年 3 月，永利街被剔出重建項目，12 座唐樓獲原址保留，記錄了香港的昔日風貌。時至今日，永利街仍然吸引不少攝影發燒友到來拍照，緬懷昔日風情，記下香港人的集體回憶。

# ⑤ 必列者士街

必列者士街（Bridges Street）的
名稱來自 1851 年來港的大律師必列
者 士（William Thomas Bridges）。
必列者士抵港後創辦的近律師行
（Deacons），並在 1854 年至 1856
年擔任律政司，而的近律師行是現時
香港歷史最悠久的律師行，反映必列
者士的地位不凡。

↑ 必列者士街盂蘭勝會

# PMQ 元創方
## 中環鴨巴甸街 35 號

　　PMQ 元創方，前為荷李活道已婚警察宿舍（Police Married Quarters），現取舊址的英文縮寫為英文名。香港開埠後，原址是 1843 年建成的城隍廟。1889 年，將歌賦街與城皇街交界（聖公會基恩小學現址）的中央書院遷至當地，易名維多利亞書院（1894 年改稱皇仁書院），面積達 18,000 平方米，是當時全港最大的校舍，亦成為政府第一所為市民提供中、小學程度西式教育的學校，標誌香港教育不斷發展。

　　日軍襲港時，皇仁書院被嚴重破壞，無奈停課，後來更被日軍佔用，成為日軍騎兵部隊司令部。二次大戰後，皇仁書院復課，1950 年遷至銅鑼灣高士威道現址，原址改建成荷李活道警察子弟學校（後作少年警訊會所），以及兩座香港第一批員佐級已婚警察宿舍，香港前特首曾蔭權及前警務處處長曾蔭培昆仲，年少時都曾在這裏居住。

　　當年入夜後，警察宿舍前方往往變成「大笪地」，街道上人山人海，相士擺設攤檔，為途人指點迷津，非常熱鬧。後來，PMQ 元創方曾在週末舉行中環夜市，吸引遊人參觀，延續昔日大笪地的情懷。

　　警察宿舍在 2000 年空置，政府有意將其重建發展。2007 年，在民間強烈要求下，政府改變決定，警察宿舍納入《西營盤及上環分區計劃大綱圖》，並在兩年後的《施政報告》中，成為「保育中環」八大項目之一，2010 年被列為香港三

↑ 前已婚警察宿舍的舊貌

筆之隨想：PMQ 元創方的活化
令社區見到歷史建築的更多
可能性，雖然大家的評語好壞參
半，但事實上的確令該區多了很
多藝文空間。

級歷史建築，後來命名為 PMQ 元創方，保留警察宿舍的原有佈局，外觀充
滿現代主義建築風格，設計簡樸，並於 2014 年開幕。

　　場館現展示中央書院時期發掘的兩段最長的花崗岩地基遺蹟，還有六塊
大小不一的鋪地瓷磚，人們拾級而上的石級、石牆、入口石柱等等，都是昔
日中央書院的一部份，藉此緬懷中央書院百多年前的建築，別具意義。

## 香港新聞博覽館
### 中環必列者士街 2 號

香港新聞博覽館（Hong Kong News-Expo），原址是在 1883 年由美國籍喜嘉理牧師（Rev. Charles Robert Hager）創辦的美國公理會佈道所，次年佈道所為孫中山（以孫日新名字登記）和陸浩東（以陸中桂名字登記）受洗。孫中山就讀中央書院期間，曾在這裏居住。直至 1901 年，佈道會遷出。

二次大戰後，市政局提議在佈道會舊址上，興建一座街市，應付人口急增的需求，並以街道名稱命名，稱為必列者士街市場（後稱必列者士街街市），以紀念前律政司必列者士。

必列者士街街市在 1953 年啟用，樓高兩層，以包浩斯風格建成，簡樸實用；以平頂設計，使用流線型窗戶，是二次大戰後首座建成的街市。1969 年，街市一樓以東地方開闢為遊樂場，並連接永利街，是中環居民的集體回憶。

↑ 必列者士街街市

↑  香港新聞博覽館

　　2011 年，必列者士街街市被列為三級歷史建築，後來被納入活化歷史建築物伙伴計劃；2013 年，發展局採納新聞教育基金的計劃，將街市發展成香港新聞博覽館，是亞洲首間以新聞為主題的博物館。香港不少報館和印刷廠都曾在必列者士街、城皇街、歌賦街、永利街、荷李活道等地發展，例如：《循環日報》、《華僑日報》等，與香港新聞博覽館的設立，一脈相承。

　　2018 年 12 月，香港新聞博覽館正式開幕，該館整理百多年來的新聞報道、昔日報刊、口述歷史等，介紹香港開埠以來的傳媒發展歷程，展出昔日的新聞器材、報刊等等。曾先後舉辦「五四運動」100 週年、香港報業公會「2018年香港最佳新聞獎」得獎作品展等展覽，並舉行專題講座，增加各界人士對傳媒的認識。

↑ 城皇街

## 香港中華基督教青年會必列者士街會所
上環必列者士街 51 號

　　1901 年，香港中華基督教青年會必列者士街會所（Chinese YMCA of Hong Kong Bridges Street Centre）成立，原名中央會所，香港中華基督教青年會初期租用德輔道中一個單位，開辦英語、查經等課程及舉辦體育等活動，後來地方不敷應用。會眾向各界人士募捐，獲得何啟、伍廷芳等香港華人領袖支持，終以 25,000 元購入會址，並於 1914 年起興建，費用高達二十多萬元。直至 1918 年，青年會必列者士街會所落成啟用。正門入口大堂牆上，刻有奠基石及捐款善長的紀念碑，保存至今。

　　青年會會所樓高六層，由美國建築師設計，香港建築師興建，以清水紅磚及混凝土建成，頂部則以柱廊裝飾，再融合中式琉璃瓦等建築方法，展現古典建築美。建築物設計中西合璧，風格古樸，成為當時華人聚會的重要場地，更是全港第一間有室內運動場、室內泳池、鑊形跑道等設施的會所，貫徹為青年提供運動場地的理念。青年會會所啟用短短兩個月，已吸引接近 2,000 人次試用，成效甚廣。

　　1927 年 2 月，魯迅應香港大學及青年會的邀請，到青年會會所禮堂演講，講題是《無聲的中國》和《老調子已經唱完》，內容主要是反對文言文束縛思想，鼓勵推動香港的新文學運動，推動文學革命，甚至指出：「凡老的、舊的，都已經完了！」希望中國文學以全新面貌示人。當時，青年會會所六百多個座位座無虛席，足證魯迅演講震撼各人心靈。

　　1937 年，青年會會所被徵用為防空救護隊總站，收容超過 1,000 名難民，日佔時期被用作語文學校，直至香港重光後恢復會所用途。1966 年，青年會會所遷出必列者士街會址，直至 1986 年改由政府擁有，租予香港中華基督教青年會，作為非牟利兒童及青少年中心，以及弱能人士庇護工場及宿舍。2009 年，青年會會所被列為一級歷史建築，成為遊客觀光地標。

↑ 青年會會所

# 6 荷李活道

香港開埠後，政府規劃中環的街道，連接今日的水坑口街，而荷李活道（Hollywood Road）就是當時規劃的其中一條街道。為甚麼稱為荷李活道呢？荷李活道的命名說法有二：一是來自與英文同名的冬青樹，在音譯下寫成；二是與第二任港督戴維斯（John Francis Davis）有關，其家鄉小鎮是英國布里斯托的荷李活鎮。可是，戴維斯在香港時，並不受英國人歡迎，所以沒有像砵甸乍（Henry Pottinger）一樣，能以自己的名字命名街道。

如果我們說擺花街是洋人早期在香港的風月場所，那麼華人早期的風月場所，就是普慶坊前後（文武廟附近）的一段荷李活道，人們稱之為「太平山娼院」。直至1890年代後期，太平山娼院遷往水坑口街，以至石塘咀，成為日後塘西風月的一部份。

# 大館
### 中環荷李活道 10 號

位於威靈頓街的第一代中央警署（Central Police Station），在 1864 年遷往荷李活道，成為第二代中央警署，與約建於 1847 年的中央裁判司署，以及建於 1841 年的域多利監獄（前稱中央監獄），三者成為香港早期執法的標誌。

第二代中央警署以新古典主義風格建成。直至 1919 年，政府擴建新翼大樓，清拆警署前宣惠里的五幢樓宇。中央裁判司署在 1913 年重建，呈希臘復興式建築，外牆以紅磚建成，日佔時期用作民事法庭，戰後用作軍事法庭、審理貪污案件，例如葛柏案等，直至 1979 年遷出。域多利監獄以磚石建成，曾囚禁南來詩人戴望舒、北越領袖胡志明等。三座建築物各具特色，在 1995 年同時被列為法定古蹟，2006 年起關閉，直至 2018 年活化後開放。百多年來，此建築群被稱為「大館」（Tai Kwun），因為中央警署是當時的警察總部，管理全港警務，執法權力最大。該古蹟活化後沿用這個稱呼，成為旅遊熱點，2019 年更榮獲聯合國教科文組織亞太區文化遺產保護獎的卓越獎項。

## 香港西醫書院
中環荷李活道 77 − 81 號

在第二代中央警署的不遠處是附設於雅麗氏利濟醫院（Alice Memorial Hospital）的香港西醫書院（The College of Medicine for Chinese, Hong Kong）。何啟為了紀念亡妻雅麗氏，而捐助興建香港西醫書院，培育華人西醫。西醫書院在 1887 年成立，孫中山從廣州的博濟醫校轉到香港西醫書院習醫，成為何啟和康德黎（James Cantlie）的高足，考取第一名畢業，又與同學及友人談論革命，發動 1895 年的廣州起義。黃興在黃花崗之役（1911 年）失敗後，二指折斷，後來到國家醫院求醫，他被視為推動清末革命的重要一員。1912 年，西醫書院併入香港大學，遷離荷李活道，幾許滄桑，香港大學醫學院現稱為香港大學李嘉誠醫學院，位於薄扶林沙宣道。

↑ 香港西醫書院

## 荷李活道的書報社

　　荷李活道曾經是出版報刊的主要地方，其中一份是 1899 年創辦的《中國日報》，先在士丹利街 24 號創刊，兩年後遷至永樂街，1904 年再遷至荷李活道 92 至 94 號。1905 年中國同盟會成立，香港分會與《中國日報》共用會址，對宣傳革命而言，成效卓著。

　　另一份是《華僑日報》，在 1925 年 6 月 5 日創刊，先由旅港華商總會發行，後因虧損嚴重，同年由資深報人岑維休承辦，並由乍畏街（今稱蘇杭街）遷至荷李活道 106 號（後來擴展至 116 號，現址為聚賢居）。《華僑日報》克服省港大罷工的困難，持續報道罷工的獨家新聞，曾是香港最高銷量的報紙，與《工商日報》、《星島日報》齊名，直至 1995 年 1 月 12 日停刊，見證香港歷史的變遷。

　　二次大戰後，不少人在荷李活道開設舊書店，全盛時期約有 20 間，成為荷李活道的一大特色。直至 1980 年代初，香港經濟日漸繁榮，購買舊書的人漸漸減少，令舊書店式微，舊書就成為人們的收藏品。不少舊書店搖身一變，成為售賣古玩和藝術品的商舖，吸引遊客光顧。

文武廟
上環荷李活道 124 － 126 號

　　文武廟（Man Mo Temple）約建於 1847 至 1862 年，由富商盧亞貴及譚亞財斥資興建。文武廟整個建築群，由文武廟、列聖宮及公所三座建築物組成。文武廟供奉文帝與武帝，讓民眾參拜，旁邊的列聖宮供奉諸神，公所則用作議事及解決糾紛，意義重大。

　　文武廟為傳統中式建築，屋頂由花崗石支撐，並有精緻陶塑、花崗石雕、壁畫等，技術精湛。2010 年，文武廟被列為法定古蹟，成為中西區文物徑其中一個主要景點。

↑ 1900 年的文武廟

↑ 文武廟與高樓

　　文武廟供奉文武二帝：文帝即文昌帝君（主管祿位的文昌星）；武帝即關聖帝君（三國時代的關羽），前者保佑人們讀書進步，後者被視為忠義代表，都是華人信仰的一部份，反映人們追求功名，追求公義的心願。文武二帝置於一廟內，始於唐代，盛於清初。文武廟內，銅鐘刻有「道光二十七年」（1847 年），化寶爐則刻有「咸豐四年」（1854 年），反映文武廟歷史悠久。懸掛在文武廟屏門的「神威普佑」牌匾，更刻有光緒御筆印章，表揚東華賑濟華北旱災的功績。牌匾原本懸掛在東華醫院禮堂，1983 年遷往文武廟，彌足珍貴。

**筆**之隨想：文武廟的美在於它的層次與空間，廟前荷李活道之上的前地與廟後依山而建、層層遞進的住宅高樓，令文武廟於鬧市中更見神威顯赫、莊嚴美麗。

文武廟一直有不少傳統習俗，「斬雞頭，燒黃紙」正是其中之一。香港開埠後，由於西方法治與中式傳統的法制大有不同，華人要在神明面前「斬雞頭，燒黃紙」，以示在神明面前立誓，解決糾紛，而文武廟旁邊的公所，正有上述用途。直至香港法制逐步改善後，此傳統才日漸式微。

攝太歲就是另一項傳統習俗。在民間信仰中，農曆新年時，新的太歲接掌凡間事務，有些人的生肖或會沖犯太歲，導致流年不利。為求心安理得，善信就會到文武廟攝太歲，祈求平安。方法是買一份太歲香包，在太歲符上寫上姓名、出生年月，誠心祈求，將太歲符交給廟祝，攝在太歲腳下，並於年底酬謝神明。時至今日，攝太歲依然是流行的傳統習俗。

文武廟還有另一項傳統——出巡，首次出巡是在同治十一年（1872 年），慶祝東華醫院開幕，恭迎文武二帝出廟，經過普仁街的東華醫院大堂。而在2017 年的一次出巡，東華三院董事局成員穿着長袍馬褂，在中環商區起步，經過荷李活道，返回文武廟，吸引途人觀賞，場面浩大。

1908 年，政府制定《文武廟條例》，將文武廟交由東華醫院管理。1958年，政府再修訂條例，訂明文武廟收益除了用作供奉神明、重修廟宇及擴建外，還可用作學校、慈善、擴充東華三院醫療服務。直至今天，東華三院董事局每年舉行秋祭，酬謝文武二帝。秋祭原是農民在秋天收成後，酬謝神明，祈求來年風調雨順的習俗，而東華三院董事局承襲這個傳統，延續了華人宗教習俗。

# 7 堅巷

堅巷（Caine Lane）是以威廉·堅（William Caine）上尉命名。威廉·堅來港前擔任上尉，後被任命為總巡理府（現稱裁判官），他在 1844 年協助組成警隊，後來監督興建香港首座裁判司署及監獄，更曾擔任署理港督，地位顯赫。

↑ 堅巷花園

## 香港醫學博物館
### 上環堅巷 2 號

　　香港醫學博物館（Hong Kong Museum of Medical Sciences）的前身是香港細菌學檢驗所，成立於 1906 年 3 月 15 日，是愛德華時代的建築物。大樓以中西合璧的方式建成，樓高三層，屋頂蓋上中式簷瓦，外牆以紅磚建成，設有圓拱形的窗，走廊寬闊，空氣流通，以保乾爽。後來加建輔助樓，尖頂設計，作為馬廄及飼養動物之用。

　　檢驗所汲取 1894 年香港鼠疫的教訓，進行醫學化驗，對付鼠疫、流行細菌，以及進行疫苗試驗。曾設消毒站及救護車站，以高溫處理鼠疫病人的衣物，並以木頭車將病人送往鄰近的東華醫院。

↑ 今日的香港醫學博物館

↑ 昔日的香港細菌學檢驗所

　　二次大戰後，細菌學檢驗所易名「香港病理檢驗所」，直至 1960 年遷往西營盤後，堅巷原址繼續製造疫苗（1973 年遷往域多利道），輔助樓更曾借予香港聯合書院作為理學院院址（1972 年遷往馬料水），後來改為政府醫療用品倉庫，1982 年拆卸，改建公園。建築物餘下部份在 1990 年被列為法定古蹟，並於五年後移交香港醫學博物館學會，改建成今日的香港醫學博物館，並於 1996 年 3 月 16 日開放參觀，是保育香港昔日建築的典型例子。

　　館內介紹香港開埠以來的醫學發展，展示醫療工具、護理工作、醫治疾病的方法等，尤其是對鼠疫蔓延太平山街一帶的敍述，最為清晰，還有牛痘疫苗的製作過程。直至 2003 年沙士（嚴重急性呼吸系統綜合症）抗疫，都有詳細描述，對如今 2019 冠狀病毒病（Covid-19）等疫症肆虐之時，或有參考作用。

# 8 太平山街

　　太平山街（Tai Ping Shan Street），因位於太平山下而得名，在 1860 年開通。其間，內地爆發太平天國事件，引致大量移民湧入香港，不少人聚居在太平山街一帶，令當地居民愈來愈多。

　　為了安置移民人士，政府在太平山街興建唐樓，使太平山街成為香港開埠以後，最早劃分給華人居住的地方。可是，房屋空間狹小，非常擠迫，而且通風欠佳，引發治安、衛生等問題。直至 1894 年初，鼠疫在廣州蔓延，引致數萬人死亡，不久就傳播至香港，而太平山街自然成為疫情最嚴重的地方。根據統計，全港在 4 個月內有超過 2,000 人喪生。政府認為地區樓宇密集影響衛生是主要因素。

↑ 昔日太平山街一帶環境

↑ 普慶坊，右為卜公花園。

　　然而，事實不止於此，很多居民不願意隔離，也不願意交出患者的屍體，曾引發多次衝突，政府之後強制收購太平山街的房屋，拆卸房屋消毒，清潔街道，當時遷出的居民多達 7,000 人。後來，政府決定在太平山街興建卜公花園（Blake Garden），並以當時港督卜力（Henry Arthur Blake）命名。直至今日，卜公花園依然是供人們休憩的地方。

筆之隨想：平靜而充滿
活力的社區，餐廳、
咖啡店、品味店舖散落區
內，令街坊遊人輕鬆地消
磨一整天。

# 觀音廟
## 太平山太平山街 34 號

太平山街有很多宗教建築，所以又稱為「廟宇街」，其中歷史最悠久的是觀音廟，又名觀音堂（Kun Yum Tong），建於道光二十年（1840 年），內有港島現存最古老的觀音像，並開創「觀音借庫」先河。雖然觀音廟沒有提供銀碼借據，但是給信眾「一本萬利」、「丁財兩旺」等祝福，深受歡迎。

觀音廟第五代傳人鄧紀蓁指出，自己的曾祖母於 1818 年在岸邊織網時，撿到一塊大木頭，對木頭說：「如果你是神，就讓我供奉你吧！」並立木頭在岸邊上香參拜。久而久之，附近一帶香火漸多。後來，村民認為木頭是觀音托世，於是從佛山請工匠乘船抵港，把木頭雕刻成觀音像，並建成觀音廟，從此廟內香火鼎盛。

觀音廟曾在光緒二十一年（1895 年）重建，門額掛上一塊浮雕銅牌，極具歷史價值。觀音廟原本正門面向荷李活道，直至 1990 年代初，政府更改街道規劃，將觀音廟移入地舖，門口較昔日狹窄，今日依然保持地舖原有面貌。

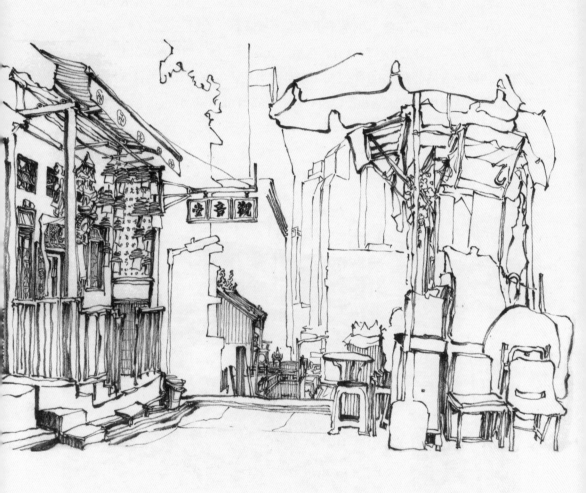

## 水月宮及水巷福德宮
水月宮：太平山太平山街 7 號
水巷福德宮：上環水巷

　　觀音廟旁邊的水月宮，又名「水月觀音堂」（Shui Yuet Kwun Yam Tong），建廟時間不詳，供奉千手觀音，橫匾寫「天后三元宮」，另供奉包公和黃大仙，三神合祀，所以有「天后三元宮」之稱。門前設金紅色大風車，讓善信轉運。估計在 1990 年代初，水月宮與觀音廟都被移入地舖。太平山街的廟宇，連同橫街的水巷福德宮（Water Lane Fuk Tak Temple）一帶，被統稱為「廟宇街」。

筆之隨想：處理複雜景物時，應
由近到遠；由左到右，細看物
件之間的關係，逐層逐筆描繪。

# 9 普仁街

　　普仁街（Po Yan Street）前稱墳墓街和聖士提反街，原因是街道附近是華人墓地，以及 1866 年曾設聖士提反堂（約 1888 年清拆），直至 1869 年雅化街道名稱，而有「普仁街」之稱，次年東華醫院（Tung Wah Hospital）於該街道創立。然而，我們不應單從東華醫院的資料及建築，來了解東華醫院的歷史，而應擴闊範圍研究，認識更全面的歷史。

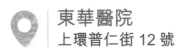

## 東華醫院
### 上環普仁街 12 號

1840 年代後期，14 位華人行業代表和商人向香港政府申請，建立義祠，安放客死異鄉的先僑神主牌。據港府了解，荷李活道屬高地範圍，難以興建商舖，所以獲港督般咸（Samuel George Bonham）首肯，終告成事。然而，根據規定，義祠只能作廟宇用途。由於死者沒有姓氏和籍貫規限，而且免費，故稱為「義祠」，又稱「百姓廟」，就是後來在太平山街成立的廣福義祠（Kwong Fook I Tsz）。

1856 年，廣福義祠落成，樓高兩層，門外刻有「廣福慈航」四字，起初只供奉神主牌，與原本宗旨並不相違。由於當時香港沒有華人醫院和殮房，而且華人衛生意識不高，所以存放於義祠的遺體愈來愈多，難以入土為安，職員也來不及處理。更甚者，有些無家可歸的病人先到義祠，等待死神的來臨，以安排運返故鄉安葬，豈料適得其反。

再者，當時普遍華人對西醫心存恐懼，擔心死後可能被剖屍，所以甚少向西醫求診。時間一久，疾病橫行，病菌四處散播。1866 年，范亞為、譚益三、林德紀及黃奉雲四名華人發起建立中醫院，為華人治病，向港府申請撥地超過 9,000 平方呎，興建一所華人醫院，但被港督麥當奴（Richard G. MacDonnell）拒絕。

後來，義祠職員數天沒有上班，沒人清理遺體，恰巧署理總登記官李思達（Alfred Lister）巡視義祠，發現義祠衛生惡劣，尿液遍地；內裏昏暗狹窄，臭氣沖天；病人缺乏照顧，身體虛弱，更與屍體為鄰。兩日後，國家醫院調查，又向李思達問話，竟然發現一具「屍體」仍然生存，所以向英國直陳其非。事件在 1869 年 4 月 26 日被公開，而且一連四日被報道。英國向港府施壓，迫港督麥當奴改變初衷，聯絡華人買辦和南北行商人，由政府在廣福義祠附近撥地，又從賭餉中撥款 11 萬 5,000 元，再由華人集資三萬多元，設立一所

中醫院，稱「東華醫院」，有「廣東華人醫院」之意，取代廣福義祠的工作，致力解決衛生與醫療等難題，而且尊重華人使用中藥的傳統，兼可收籠絡之效。

1869 年，東華醫院在政府的監管下，制定《華人醫院則例》（「倡建東華醫院總則」），並於次年 3 月 26 日通過，監察醫院運作，規定東華總理每年一任，由梁雲漢擔任首位主席，選出 13 位創院總理，其中 8 位都有清廷官職。可見即使時近清末，香港又由英國管治，但是清朝在香港仍有一定影響力。

1870 年 4 月 9 日（同治九年三月初九），港督麥當奴主持醫院奠基禮。現今醫院主樓外，仍有麥當奴所立基石，非常珍貴。當時，奠基禮有一特色，就是祭祀儀式供奉神農氏，正所謂「神農嚐百草」，藉此帶出濟世為懷的目的。

1872 年 2 月 14 日，港督麥當奴為東華醫院開幕主禮。東華醫院原本樓高兩層，只用木材建成，結構比較簡陋。醫院最初只可容納 80 至 100 名病人，下層為草根階層免費提供中醫治療，上層為收費區域。自 1896 年起，東華醫院引入西醫診症，成為一所既有中醫又有西醫的醫院，使華人日漸信任西醫，消除對西醫的歧見。直至 1934 年，東華醫院重建，樓高六層，可照顧更多病人。

東華醫院除了贈醫施藥，又肩負賑災工作，如 1870 年代，將華人骸骨遷葬至港島西屠房後山（又稱「牛房義山」），成為東華醫院殮葬服務之始。又如 1874 年的甲戌風災，東華醫院負責搬運及安葬遺體，反映東華醫院成立之初，服務日漸普及，惠及不同階層，受惠者眾。

↑ 昔日的東華醫院

自 1850 年代起，廣福義祠服務社群，為市民提供安葬等服務，其後演變為東華醫院提供中西醫診症，一直服務大眾至今，已逾百年，成為一個家喻戶曉的機構。

↑ 東華醫院現貌

 ## 磅巷公廁及浴室
上環磅巷及太平山街交界

磅巷（Pound Lane）鄰近普仁街，一向是華人聚居之地，街道名稱取自英國人飼養牲畜的地方「Pound」，而磅巷正是英文的音譯。

自 1894 年的鼠疫後，政府為了改善華人的個人衛生意識，以及太平山街一帶的環境，除了興建卜公花園外，還在磅巷設立首間有淋浴設施的公廁，並於 1904 年落成。公廁於 2021 年重建，一直沿用至今。

公廁外型呈四方形，像一個白色長方形盒子，設計以現代主義風格為主，外型簡樸，注重功能，翻新工程高達 800 萬元，加入現代化設施。外圍設有展板，介紹該公廁歷史，以及興建公廁的原因。

↑ 磅巷公廁及浴室

遙想當年，政府除了興建公廁外，還在 1897 年訂立《公廁條例》，訂明公廁的規格與衛生要求，以便監管。直至目前為止，《公廁條例》已多達 11 條，成為港九新界 18 區，24 個浴廁、八百多個公廁的準則，提醒市民多加洗澡，避免隨處便溺，確保衛生。

# 10 皇后大道西

　　政府鋪設皇后大道西，原意是興建一條由中環通往西環的沿海道路，成為香港開埠以後，香港島沿岸地區發展的重要見證。皇后大道西的居民以華人為主，較多開設中藥、海味、香燭等店舖，傳統色彩非常濃厚，是為皇后大道西的經濟命脈。後來政府不斷向北填海，使皇后大道西逐漸變成內陸街道之一。

## 雀仔橋
### 西營盤皇后大道西 128 號

　　雀仔橋（Bird Bridge）即西營盤皇后大道西的行人橋，名稱來源眾說紛紜：一說是販賣雀鳥的聚集地，一說是黃昏時的樹林有百鳥歸巢的景象，一說是附近酒樓茶客觀鳥之地。不論如何，雀仔橋附近充滿特色，現已成為西營盤一大旅遊熱點。

　　雀仔橋早見於 1870 年代，原是以麻石建成的海堤。由於以前的填海方法，不會像今日一樣，把堤岸弄成一條直線，而是依地勢填平。雀仔橋剛好構成一個弧形，保留原有海岸的特色，反映當時西營盤沿岸所在。

　　1911 年，政府曾在雀仔橋下馬路旁設立公廁，直至 1990 年停用。時至今日，五個填封的廁所窗口，依然清晰可見，仍是雀仔橋的特色之一呢！

↑ 雀仔橋旁的店舖

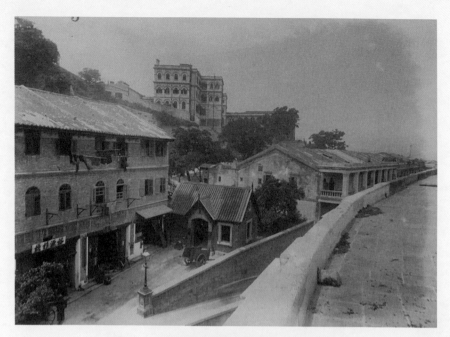

↑ 1870 年代的雀仔橋

雀仔橋現貌 →

筆之隨想：速寫時以外形取決的
我，一直都被這平地上的「小
橋」所吸引，它與旁邊的榕樹相輝
映，形成了幽靜而獨特的氛圍。

## 國家醫院
### 西營盤皇后大道西 134 號

　　1843 年，海員醫院（Seamen's Hospital）落成，樓高兩層，但結構簡陋，隨時有倒塌風險。海員醫院後來成為香港進行第一宗外科手術的醫院，由聞名遐邇的哈蘭醫生（William A. Harland）施手術，並以哥羅芳麻醉病人，大大提升醫院的信譽。1848 年，海員醫院遷往灣仔皇后大道東（重建成現今的律敦治醫院），西營盤原址改為國家醫院（Government Civil Hospital），現址是西營盤賽馬會分科診所。

　　自 1864 年開始，國家醫院為華人診症，然而收費昂貴，加上華人不信任西醫，令不少華人卻步。1874 年甲戌風災，由於國家醫院結構不穩固，被颶風吹毀，只好暫時遷往荷李活道巡理府（大館現址）旁的歐洲酒店（Hotel d'Europe）診症，直至 1878 年搬回原址。

　　政府了解當時華人衛生習慣欠佳，而且娼妓盛行，於是以優厚福利提供病人住宿，招聘外籍醫護，並為妓女提供定期驗身的服務，以免市民大規模感染性病。此外，國家醫院與清末革命事蹟息息相關。1890 年，楊衢雲（興中會首任會長）在結志街被暗殺，被送往國家醫院，可惜搶救後不治；1911 年，黃花崗起義失敗後，黃興負傷，二指斷掉，至國家醫院治療，漸見復元。

　　後來，國家醫院曾用作香港大學教學醫院，1937 年被瑪麗醫院取代其職能。1960 年該建築物成為西營盤賽馬會分科診所，繼續服務大眾。直至今日，依然有不少街坊稱其為「國家醫院」呢！

# 11 東邊街

　　東邊街（Eastern Street），原稱新東街，是一條山坡路，另一邊就是西邊街（Western Street），成為界定西營盤位置的主要街道。鄰近東邊街的獨特建築眾多，其中不少富有歷史意義。

↑ 東邊街（右）與醫院道（左）交界的石牆樹

## 西營盤社區綜合大樓
### 西營盤高街 2 號

　　上文提及的國家醫院，旁邊曾興建外籍護士宿舍。宿舍建於 1892 年，樓高 3 層，內設 10 間護士臥室、護士長辦公室、化驗室等，方便護士工作及休息。

　　外籍護士宿舍是維多利亞時期的建築物，以巴洛克風格建成，呈古典氣派，是舊式建築的象徵，其中建築風格，香港實屬罕見。宿舍在 1998 年重建，政府決定拆卸大部份建築，只保留正立面，但是舊貌依然，設計猶如英文字母「L」字形，其中的花崗岩外牆、拱形長廊、中式瓦片斜尖屋頂，為建築的一大特色，2015 年被列為香港法定古蹟。

　　1940 年，外籍護士宿舍東翼落成，次年將原有宿舍改作女子精神病院，或稱舊精神病院（Old Mental Hospital），日佔時期據稱被用作刑場。1961 年，青山醫院落成，外籍護士宿舍改為日間精神科門診部，1971 年後空置。由於宿舍空置多年，所以流傳不少靈異故事，而且靈異傳聞日多，因而被稱為「高街鬼屋」。正因如此，宿舍成為一個街知巷聞的地方，也成為不少人士尋幽探秘之地。

↑ 西營盤社區綜合大樓

↑ 外籍護士宿舍舊貌

直至宿舍重建項目展開，靈異傳聞才日漸減少。2018 年，西營盤社區綜合大樓（Sai Ying Pun Community Complex）落成，樓高九層，成為服務大眾的地方。

## 香港大學牙醫學院
### 西營盤醫院道 34 號

1976 年，本港牙科服務需求日增，香港大學於是籌辦牙醫學院。三年後，政府撥款 9,700 萬元，建造醫院大樓，樓高 11 層。1981 年 3 月 24 日，英女王伊利沙伯二世的丈夫菲臘親王（Prince Philip）出席牙科教學醫院開幕禮，醫院遂以菲臘親王命名，命名為「菲臘牙科醫院」（The Prince Philip Dental Hospital）。

1982 年，香港大學牙醫學院（Faculty of Dentistry, The University of Hong Kong）成立，是香港第一所牙醫學院，也是香港唯一提供牙醫學士課程的學院，每年培訓 60 名學生，學生完成 6 年課程，就可以成為註冊牙醫。而菲臘牙科醫院正是香港大學牙醫學院的校舍及訓練中心，雖然沒有診症服務，但是會接收病人，成為學生訓練及實習的地方，並進行相關研究。

## 東邊街美沙酮診所
### 西營盤東邊街 45 號

2022 年 7 月 1 日，東邊街美沙酮診所（Eastern Street Methadone Clinic）關閉。回想這個地方的發展，從精神病院開始，改建成為美沙酮診所，可追溯至 1840 年代的往事。

香港開埠之初，一直沒有醫治精神病人的醫院。幸而，療養院與精神病院醫師協會（The Association of Medical Officers of Asylums and Hospitals for the Insane，現稱英國皇家精神科學院）在 1841 年成立，使英國的精神科逐漸

邁向專科。

　　時至 1870 年代的香港，外籍精神病人多被關在域多利監獄，等候遣返；華籍精神病人則被關在東華醫院「癲人房」，難以重見天日，兩者都不是以興建療養院的方式，作為治療精神病人的方法。直至 1875 年，香港第一間臨時精神病院啟用，位於荷李活道與鴨巴甸街交界（PMQ 元創方現址），成為香港第一間精神病院，亦是香港治療精神病患的開始。

　　1884 年，香港神經病院（The European Lunatic Asylum，戴麟趾康復中心現址）成立，主責治療外籍精神病人；1891 年，華人精神病院（Chinese Lunatic Asylum，東邊街美沙酮診所現址）成立，主責治療華籍精神病人。華

人精神病院資源有限，只可容納 16 名病人，但對治療精神病患的方向而言，已是大有進步。因為 19 世紀，接受精神病治療者鮮，精神病專科醫生亦少，令香港精神科專科一直寸步難行。

華人精神病院樓高兩層，採用歐洲文藝復興式建築風格，外牆以紅磚及花崗岩建成，斜尖屋頂，一樓設長廊，旁邊設醫護宿舍。時至今日，精神病院與醫護宿舍一同被列為二級歷史建築。

1906 年，立法局通過對羈留及照料精神失常人士的法例，將華人精神病院與香港神經病院合併，成為域多利精神病院（Victoria Mental Hospital），所有精神病例可以一併處理，提高效率，節省資源，鼓勵更多精神病人接受治療。直至 1941 年，域多利精神病院不敷應用，政府便徵用國家醫院外籍護士宿舍，改作女子精神病院，以圖增強治療作用。可惜日軍襲港，一切治療都被迫暫停，幾乎前功盡廢。

香港重光後，域多利精神病院恢復運作。自 1950 年代起，政府希望加強治療精神病人的工作，因此在 1955 年斥資 1,300 萬元，在屯門興建青山醫院，1961 年落成。而域多利精神病院同年關閉，其職能由青山醫院取代，建築物被拆卸，只保留華人精神病院主樓及職員宿舍，地下改作麻瘋病診所，一樓改作霍亂病院。1972 年改作美沙酮診所，運作 50 年後關閉，直至 2023 年初，該建築物仍然空置。

# 12 西邊街

　　政府未鋪設東邊街及西邊街前，附近一帶地勢陡峭。香港開埠後，政府從中環由東向西發展，鋪設東邊街與西邊街，而東邊街與西邊街中間的街道，由地理位置最高的高街，由高至低，命名為第一街、第二街及第三街，全部街道規劃都是長短相近。如果在高處俯瞰，或是在地圖上觀察，街道更是方方正正，此舉有助政府管理，是當地街道的主要特色。

↑　西邊街（左）

# 西區社區中心
## 西營盤西邊街 36A 號

　　昔日華人不是在醫院接生，而是在家中接生，由俗稱「執媽」的助產士負責，但是「執媽」並沒有接受專業訓練，令嬰兒性命缺乏保障，夭折率甚高。有見及此，1919 年，英國基督教會倫敦傳道會（London Missionary Society）的愛麗絲・克寧醫生（Dr. Alice D. Hickling）倡議在西約華人公立醫局（West Point Chinese Public Dispensary）旁，建立婦產科醫院，以西方接生方法，培訓華人助產士，成為贊育醫院（Tsan Yuk Hospital）創辦的先聲。

　　1922 年，贊育醫院成立，成為香港首間婦產科醫院，初由華人公共診所委員會管理，原址在西邊街，現為西區社區中心。贊育醫院以花崗岩作正門，並以大麻石牆作地基，以紅磚建成，呈愛德華時期建築風格。醫院樓高三層，是原有三個建築群之一，旁邊另有兩層高的護士宿舍，和一層高的員工宿舍。門額「贊育醫院」四個大字，由清朝遺老陳伯陶所題，對聯「好生之謂德，保赤以為懷」，則由另一清朝遺老賴際熙所題，價值連城。

↑ 舊贊育醫院建築，現為西區社區中心。

↑ 人頭湧湧的舊贊育醫院

↑ 位於醫院道的贊育醫院仍在運作

1923 年，贊育醫院招收第一批華人助產士，當年的助產士只要初中學歷，就可以擔任。然而，入職條件非常嚴格，助產士需要輪班當值，難以外出，也沒有假期，以便跟進產婦情況。時至今日，不少人可能覺得上述條件苛刻，但是在沒有手機通訊的年代，助產士日以繼夜、夜以繼日地工作，悉心照顧嬰兒，就是專業誠懇的表現。

1926 年，贊育醫院交由政府管理，成為政府醫院。1937 年，瑪麗醫院落成，贊育醫院成為香港大學醫學院教學部門，培訓婦產科及兒科醫生和護士，資歷獲得皇家婦產科學院認可，反映贊育醫院成立只有十多年，已經地位不凡。

二次大戰後，由於香港「嬰兒潮」爆發，加上國共內戰影響，內地抵港人數激增，大大提高出生人口，令助產士工作量倍升。然而，贊育醫院的專業培訓，大大減低嬰兒夭折率，以 1950 年代為例，嬰兒夭折率曾經只佔 0.036%。想當年香港醫學技術不足，而且正值人口激增之際，贊育醫院竟然有此成就，令整個醫學界震驚，成為海外專科專家取經之地，聞名遐邇。

香港人口日漸增多，以致贊育醫院地方不敷應用，1955 年 6 月 13 日，醫院遷往醫院道現址。時至 1970 年代，助產士仍然需要密切監察孕婦的身體變化，記錄孕婦和胎兒的維生指數，即使在沒有深切治療部、也沒有維生指數監察儀器下，仍設法保障嬰兒平安。後來，贊育醫院引入超聲波儀器，準確檢測胎兒情況，觀察嬰兒成長，並設立深切治療部，分設初生嬰兒科及婦

產科，服務日臻專業完善。

　　1973 年，贊育醫院舊址易名西區社區中心，提供場地租借等服務。後來，原職員宿舍改為長春社文化古蹟資源中心（The Conservancy Association Centre for Heritage，簡稱 CACHe）。2009 年，西區社區中心被列為一級歷史建築。2022 年，贊育醫院成立 100 週年，見證超過 40 萬名嬰兒的誕生，也見證贊育醫院的輝煌歷史。

筆之隨想：還記得這是寫生活動中完成的作品，當時仍未遇到合適題材，於是在區內探索。突然在醫院道的路旁見到這塊學校坐椅的舊木板，環顧四周看到一棵大榕樹，立即拾起木板作畫，把眼前的景象記下。

長春社文化古蹟資源中心
西營盤西邊街 36A 號後座

上文提及贊育醫院舊址旁邊的附屬建築物，前身是醫院職員宿舍，改建職員宿舍前，原是西約華人公立醫局（又稱西約方便所），現被評為二級歷史建築。

1894 年，香港爆發鼠疫，造成超過 2,000 人死亡，其後幾乎每年都有鼠疫爆發。到了 1903 年，西營盤常豐里一帶鼠疫嚴重，經過潔淨局（後稱市政局）考察後，發現當地衛生欠佳。政府決定將當地居民遷至石塘咀，並實施兩項措施：一是興建免費浴室（1925 年改建成第二街公共浴室，詳見下文），鼓勵市民多洗澡，確保衛生。

二是在 1904 年，西營盤街坊值班會在第三街與常豐里交界的「更練館」設立醫所，並設有 29 張病牀診症。然而成效不彰，於是劉鑄伯、馮華川等人決定另設公立醫所。四年後，政府在第三街撥地，但資助只得 600 元，於是華人自籌經費，最終籌得超過 10,000 元興建醫局。醫局於 1909 年 9 月 1 日啟用，命名為「西約華人公立醫局」，由華人醫局管理委員會管理。

建築物以白色為主，今日仍然保留落成時的煙囪、地基及附屬建築，包括昔日在門外的樓梯，以及位於後方的殮房。門外豎立一塊 1909 年的「西約方便所記」石碑，記錄當年醫局成立的歷史，供遊人細閱。

自 2005 年起，醫局租予長春社文化古蹟資源中心，灌輸古蹟保育理念，加強香港歷史教育。目前，當地是太平山醫學史蹟徑其中一個景點。遊人可從當地認識鼠疫爆發，以及香港建立一套醫療系統的先聲。

## 第二街公共浴室
### 西營盤第二街及西邊街交界

　　第二街（Second Street）是在西營盤發展初期命名的街道，當時由北向南一直排列：第一街、第二街、第三街及高街，次序清晰，以便市民辨別方向之外，也方便政府管理。

　　1894 年，香港爆發鼠疫，其後每年都會爆發大大小小的鼠疫，為患無窮。根源在於華人衛生意識一直偏低，疫情難以受控，令政府計劃進行一系列措施，遏止鼠疫傳播。到了 1903 年，常豐里爆發鼠疫，政府將第二街的木屋改建成臨時公共浴室，當時西營盤尚未填海，浴室建在靠近碼頭的位置，給低下階層市民提供一個清潔沐浴的地方，是防止鼠疫傳播的一個重要試點。

　　經過長時間調查後，政府發現公共浴室的使用率很高，每年高達 11 萬人次使用。於是在 1922 年原址重建為永久的公共浴室，三年後啟用，是香港現存唯一一個戰前公共浴室。浴室至今仍然大致保留原有功用，現被評為二級歷史建築。經過一個公共浴室的試點後，直至 1939 年，香港已設置七個公共浴室，供市民使用，反映第二街公共浴室成效顯著。

　　工程師設計第二街公共浴室時，髹上粉紅色外牆。外觀以樸實為主，設計方正，樓高兩層，下層為男浴室，上層為女浴室。公共浴室以花崗岩為地基，水泥鋼筋為結構，現時仍保持原有格局。

　　浴室頂部保留排放熱氣的煙囪，初時每年 11 月至 4 月會供應熱水，利用煤炭加熱，其後使用柴油，現在改用煤氣。浴室盡頭設有房間，方便員工留宿，附近設有地方燒煤炭為水加熱，位置依然保存至今。另顧及浴室濕度高，於是有排氣設計，外牆與橫樑之間設有縫隙，像排氣位一樣作通風之用，並設有百葉窗，以防濕氣損毀橫樑，構成石屎剝落等風險。

　　1950 年代，不少市民都住在木屋、徙置區等地方，並非家家戶戶都有獨立廁所，所以公共浴室便大派用場，公共浴室甚至成為世界各地的潮流。現

↑ 第二街公共浴室（粉紅色及白色一棟）

時第二街公共浴室有大約 70 個沐浴間，不少劏房住客前往使用，方便省時，
原因是劏房多數沒有獨立洗手間，可見公共浴室依然大有功能。昔日華人居
住環境狹窄，而現在西營盤一帶仍然寸金尺土，公共浴室可說是香港貧富懸
殊問題的百年紀錄。

## 常豐里福德祠
### 西營盤常豐里

　　常豐里（Sheung Fung Lane）是一條樓梯街，位於第二街與第三街之間，其中特色在於樓梯之間，建有一間福德祠（Fok Tak Temple）。福德祠歷史悠久，建於宣統元年（1909 年），是由鐵皮搭建的土地廟，廟壇上有一石碑，清楚記下這段事蹟，其後設有獨立供電箱，方便善信供奉時使用。

　　在傳統文化中，華人每每向土地廟祈福，保祐平安，工作順利。土地廟供奉土地神，又稱土地公、福德老爺等，是華人民間普遍的信仰，流傳甚廣。幾乎有華人居住的地方，都會有土地公，而較多華人之處就會建立土地廟，所以香港的土地廟眾多：除了常豐里福德祠外，還有筲箕灣福德廟、大坑東福德廟、尖沙咀福德古廟、紅磡福德古廟等。

　　每年農曆正月二十日的土地誕，福德祠一連三天慶祝，並於農曆七月的盂蘭勝會，由老福德宮聯誼會籌辦，在廟外搭建竹棚，樓梯搖身一變為表演舞台，相傳有木偶戲、神功戲等表演。善信可在樓梯欣賞，小孩就更為興奮，能夠在街上湊熱鬧，玩得不亦樂乎。福德祠也會舉行祭祀儀式、派米等活動，自然善信眾多，香火鼎盛。昔日附近的店舖與街坊，就是依靠福德祠的活動，建立緊密的鄰里關係，甚至相約吃飯，關係融洽。

　　直至 1970 年代，常豐里偶有大人物出現，更引來「鐵馬」為其開路，那位大人物就是鄧肇堅爵士。鄧肇堅會前往福德祠，拜祭土地公，當時吸引不少街坊圍觀，是為福德祠的大事。

# 13 般咸道

　　般咸道（Bonham Road）是西營盤的主要街道，以第三任港督般咸命名，日佔時期易名為「西大正通」。在般咸道中，有不少著名的學校作育英才，是一個人才輩出的地方。

↑ 般咸道上的中華基督教禮賢會香港堂

# 般咸道官立小學
## 西營盤般咸道 9A 號

在香港同一個地方，曾經讓不同的教育團體創辦大專、中學和小學，可謂絕無僅有，其中一間是般咸道官立小學（Bonham Road Government Primary School，簡稱「般小」）。般小前身是日字樓女館、拔萃男書室、羅富國教育學院第二分校及聯合書院。直至目前，般小是中西區文物徑及孫中山史蹟徑景點之一，在 2021 年 7 月更被列為香港法定古蹟。

般咸道官立小學的位置較早期是日字樓女館（Diocesan Native Female Training School），在 1860 年由聖公會會督施美夫夫人（Lady L. Smith）創辦。遙想當年，俯瞰整座校舍，校舍呈「日」字形，所以稱為「日字樓」。八年後，學校因財政困難而停辦，翌年曾辦寄宿學校及孤兒院，其後成為拔萃男書室的校舍。孫中山在 1883 年入讀，一年後轉到中央書院（現稱皇仁書院）讀書，所以校舍舊址成為孫中山史蹟徑景點之一。

1926 年，拔萃男書室遷往九龍後空置。直至 1940 年，校舍開始改建為香港師資學院（現稱羅富國教育學院），次年成為香港首間培訓教師的院校。校舍由建築師威廉・亞瑟・康奈爾（William Arthur Cornell）與時任校長羅威爾（Thomas Richmond Rowell）設計，樓高三層，外型簡樸，呈英文字母「E」字形，在香港實屬罕見。

面向般咸道的弧形外牆，以及中央旋轉樓梯，都是校舍的主要特色。弧形外牆前，有花崗石噴泉，是為香港校舍罕見的建築。主樓前方花園設孫中山銅像，由孫中山的孫女孫穗芳博士所贈，在 2011 年豎立，印證孫中山入讀的事蹟。

中央旋轉樓梯以水磨石建成，貫通各層，其中的摩登流線型設計，簡潔獨特，在 1930 年代後期，風行一時。樓梯中間是傅科擺（Foucault Pendulum）單擺的天文裝置，以證明地球自轉，是校內珍貴的文物。

↑ 般咸道的聯合書院

　　主樓的木門、木框、鋼框窗戶，以及意大利批盪地磚，歷史悠久，保存
完好。主樓樓頂有採光天窗，地庫有兩個防空洞，各有氣閘，可作逃生之用，
建築獨特，現已改作圖書館及活動室。自 1930 年代起，日軍入侵香港的傳聞，
甚囂塵上。直至香港保衛戰在 1941 年 12 月爆發，防空洞正可發揮作用，是
日軍入侵的鐵證。

　　日佔時期，校舍被用作日本憲兵總部，審訊犯人。香港重光後，羅富國
教育學院恢復辦學，直至 1962 年遷往薄扶林沙宣道。不久，聯合書院借用般
咸道校舍，直至 1971 年遷往香港中文大學現址後，羅富國教育學院重用校舍，
1994 年羅富國教育學院合併為香港教育學院，遷往大埔現址，2016 年易名為
香港教育大學。2000 年，校舍給予李陞小學下午校使用，並改行全日制，更
名為般咸道官立小學，延續春風化雨的使命。

# 英皇書院
## 西營盤般咸道 63A 號

　　香港開埠以後，政府了解學校多屬教會開辦，於是希望透過開辦官立學校，並提供免費教育，逐步確立政府主導教育的方向。而英皇書院（King's College）就是香港最早的官立學校，也是中、英文教育歷史最悠久的官校。

　　追溯英皇書院的創校經過，可從 1857 年的西角官學堂（West Point School）說起，香港的教育模式由此逐漸成型。西角官學堂又稱為「國家義學」或「西角書院」，適齡學童可以免費就讀。短短開辦兩年時間，已有超過 60 名學生。後來，西角官學堂發展成一所男女校，招收了不少女生。至目前為止，英皇書院有超過 2,000 名女生畢業，可見入讀的女生實在不少。

↑ 英皇書院

1872 年，西角官學堂易名為西營盤官學堂（Saiyingpun School），又名「西營盤書院」，其後遷往第三街，作育英才，入讀人數與日俱增。1918 年，立法局議員何理玉因應西營盤官學堂過度擠迫，提議政府建立新校舍。三年後，政府預留五萬元，作為興建新校舍之用，並選址般咸道 63A 現址（內地段 755 號，Inland lot 755）建校。當時，地段屬羅馬天主教會擁有，是聖安多尼堂所在，也曾是 1864 年落成的米蘭會聖心小堂（明愛凌月仙幼稚園現址）所在，後由聖安多尼堂繼承。1920 年，政府與羅馬天主教會換地，將地段南面的聖安多尼堂遷至聖類斯工藝學院（聖類斯中學現址），原地就改建為今日的英皇書院。書院可以容納超過 700 名學生，人數眾多，反映校園廣闊，為學生提供充足的學習環境。

1923 年，西營盤官學堂開始在新址興建，三年後竣工，並易名為英皇書院。當年為了分別英皇書院與皇仁書院，所以英皇書院有「新書院」之稱。至於英皇書院的命名原因眾說紛紜，有指是港督金文泰（Cecil Clementi）所題，也有指是來自英國君主佐治五世（George V）。

↑ 校內的英式庭園和柱廊設計

佐治五世當年向英皇書院頒發「皇家特許狀」，即是英國君主簽發的文書，但因沒有強而有力的佐證，不能確切證明是英皇書院的命名原因。

英皇書院依山而建，由英國建築師道巴恩（Graham Dawbarn）設計，以英國進口的紅磚建成，分為東翼、南翼和北翼，環繞中央方庭（操場）落成，並以愛德華時代新古典主義風格設計，建有英式庭園和柱廊。柱廊上原設鐘樓及煙囪，在 1950 年拆除，但是石柱外廊、古典風格雕飾等，仍然保存至今，是香港學校罕見的建築設計。而圓形入口門廊，由希臘愛奧尼亞式花崗石柱承托，柱頭飾有螺旋形托座。正門上，還有英國皇家徽章石雕飾，是一種高貴身份的象徵，通常出現在政府與皇室成員建築物之上。英皇書院特色處處，除了新建的西翼外，在 2011 年被列為香港法定古蹟。

香港現存戰前的官立學校只餘下六所，英皇書院是其中之一。二次大戰時，英皇書院設立聖約翰救傷隊救護站，後來東翼被日軍空投炸彈破壞，以致頂部損毀。日佔時期，英皇書院被改成馬廄，飼養軍用騾馬。當時全港學生人數銳減，由起初超過 11 萬人，減至 1945 年的 4,000 人；學校由原先超過 600 所，減至最後只有約 30 所，其中英皇書院也被迫停運，學生因此停學。

香港重光後，英皇書院逐漸復修，但損毀嚴重，而且師生多不在港，學生只能在堅尼地道臨時校舍（聖若瑟書院現址）復課，後曾遷至荷李活道，終 1950 年在般咸道重開。英皇書院一直本着作育英才的宗旨，為人才輩出的香港揭開新一頁。

## 香港大學陸佑堂
龍虎山般咸道 94 號香港大學本部校園

　　香港開埠初期，學校不足，而且尚未建立一所本地大學。經過 70 年的時間，直至 1912 年，香港大學（The University of Hong Kong）創辦，成為香港當時唯一一所大學。遙想當年，政府興辦大學，是為本地培育人才，協助政府運作，但是財政困難一直問題政府，令香港大學幾近停辦。有見及此，馬來亞華僑陸佑提供 50 萬元貸款，令香港大學得以繼續運作。到了 1956 年，香港大學本部大樓（Main Building）的大禮堂命名為「陸佑堂」，紀念陸佑對香港大學的貢獻。

↑　陸佑堂

香港大學本部大樓是香港大學最古舊的建築物，最初由印度商人摩地爵士（Sir Hormusjee Naorojee Mody）捐款 15 萬港元籌辦，從 1910 年開始興建，兩年後竣工，由著名的利安建築師事務所的 Alfred Bryer 設計。設計參考英國不同大學，以當時流行的愛德華式建築建成，樓高三層，使用紅磚及麻石，建築材料相對簡樸，節省開支；又以文藝復興風格的花崗石柱支撐，結構堅固。頂部是遮打爵士（Sir Catchick Paul Chater）在 1930 年捐贈的鐘樓，四角設有塔樓，富有特色。其中的開放式走廊，是因應香港潮濕的天氣設計，可謂匠心獨運。1984 年，香港大學本部大樓被列為法定古蹟。

香港大學本部大樓最初的平面呈「日」字形佈局，禮堂位於中央，兩側都有一個庭院。直至 1950 年代，大樓南面加建新翼，新增兩個庭院，所以平面由「日」字形，改變為「田」字形。

香港大學本部大樓可容納 450 人，現在是每年頒授學位、舉行高桌晚宴的地方。回想 1923 年 2 月 20 日，孫中山卸任中華民國非常大總統後，重臨香港，應香港大學學生會會長何世儉（何東三子）的邀請，在本部大樓發表演說，指出「革命思想從香港得來」，是為距今百年值得回味的往事。

香港淪陷前，香港大學本部大樓曾改作臨時醫院，為士兵和來自瑪麗醫院的病人診治，二次大戰時受戰火波及，導致嚴重損毀，禮堂木製屋頂，更被用作燃料，地板被拆，甚至被搜掠一空，以致暫停授課。1945 年年底，香港大學本部大樓展開修復工程，直至 1946 年 10 月完成，歷時近年，才能恢復授課，成為本部大樓不可磨滅的歷史痕跡。

↑ 孫中山（坐在正中位置者）演講後與各人合影

我們沿着以上路線，由中環走到西營盤，以「一步一腳印」的方式，回顧人們艱苦奮鬥的歷程。在數小時的行程中，可以見證香港原本只是一個平平無奇的地方，經過百多年來的發展，成為一個教育出色、醫學昌明、經濟繁榮的都市。

↑　上環水池巷儒林臺

↑　太平山街百姓廟

皇后大道西梅芳街兒童遊樂場

# 銅鑼灣至跑馬地

銅鑼灣，因海灣像銅鑼而得名，英文名稱 Causeway Bay，來自當地的海堤（Causeway），海堤就是今天的高士威道（Causeway Road）。香港開埠之初，鄰近銅鑼灣的黃泥涌和掃桿埔，有超過 300 人居住，反映當時銅鑼灣一帶的居民已為數不少。後經過怡和洋行和利希慎家族大力發展下，設立碼頭、貨倉、糖廠、戲院等，東角和利園山逐漸成為該區的發展重心。加上不同的宗教組織、慈善機構保良局建立的百多年根基，以及快活谷馬場，使銅鑼灣變成今日的模樣。從東院道步行至黃泥涌道，回顧銅鑼灣的百多年建設，光輝永載。

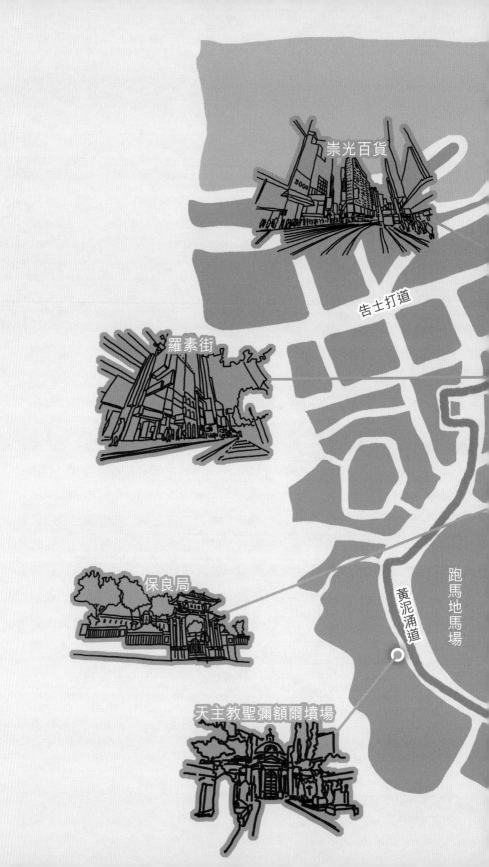

崇光百貨

告士打道

羅素街

保良局

跑馬地馬場

黃泥涌道

天主教聖彌額爾墳場

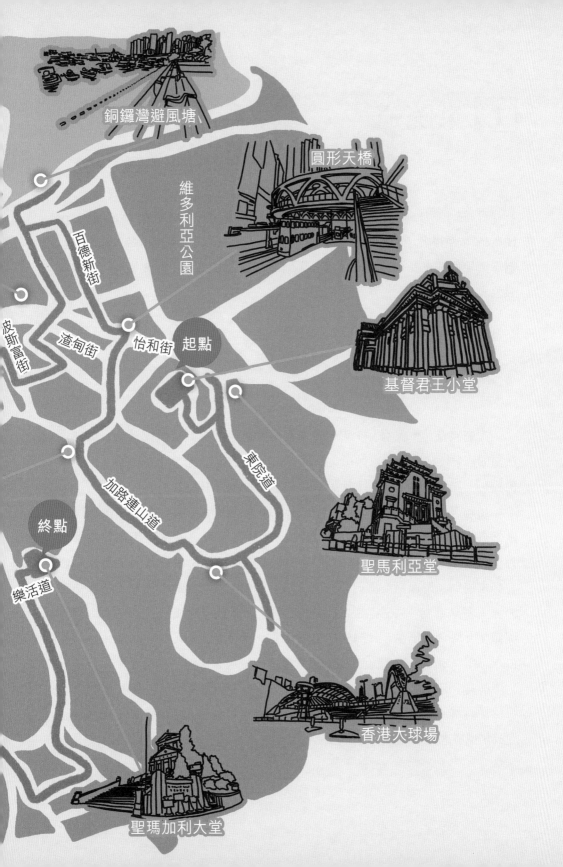

銅鑼灣避風塘

圓形天橋

維多利亞公園

百德新街

渣甸街

皮斯富街

怡和街

起點

基督君王小堂

東院道

聖馬利亞堂

加路連山道

終點

樂活道

香港大球場

聖瑪加利大堂

# ⬚1 東院道

東院道（Eastern Hospital Road）因東華東院（Tung Wah Eastern Hospital）而得名。東華東院在 1929 年成立，東院道在兩年後命名，成為研究銅鑼灣地區的主要街道。沿途可見不同宗教組織和慈善團體的建築，充滿古典色彩，正是昔日香港努力的鐵證。

## 聖保祿醫院
### 銅鑼灣東院道 2 號

人們談及「聖保祿」，多會從醫院或學校說起。其實聖保祿是一個來自法國的修會——沙爾德聖保祿女修會（Sisters of St. Paul de Chartres，下稱聖保祿），該會希望在香港拯救女嬰，實踐男女平等的理念。

1840 年代初，香港環境衛生欠佳、遺棄女嬰等情況，漸漸從報章傳至歐洲各地，令人不忍卒睹。1848 年，巴黎外方傳教會的臨時代監牧科蒙席神父（Mgr. Augustin Forcade）了解香港棄嬰實況後，決定致函聖保祿女修會尋求協助。聖保祿委派四位修女來港，其中一位正是科蒙席神父的姊姊雅芳善・科嘉修女（Sr. Alphonsine Forcade），令聖保祿成為首個來港的修女團體。女修會同年在今日灣仔進教圍一帶，成立聖童之家（Asile de la Sainte Enfance），兩年內已接收約 700 名棄嬰，情況嚴重，而且棄嬰健康欠佳，死亡率甚高，只有約 80 名嬰兒可以長大成人，反映拯救棄嬰的任務艱巨。

1894 年，鼠疫爆發，造成全港超過 2,000 人死亡。當時聖童之家擠滿嬰兒外，還有老人及婦女。聖保祿在 1898 年 1 月 1 日，將聖童之家擴展為醫院，

↑ 香港棉紡織染公司

成為聖保祿醫院（St. Paul's Hospital），又稱「香港法國醫院」，是聖保祿第一所在香港興建的醫院。

1903 年，聖保祿獲批跑馬地黃泥涌道山邊土地（聖保祿中學旁），興建孤兒院及醫院，並命名為「加爾瓦略山」（Le Calvaire，意指髑髏之地，即耶穌被釘十字架的山岡），收容無依無靠的婦孺。建築物於 1907 年落成，次年由港督盧吉（Frederick Lugard）揭幕。

後來，聖保祿的醫院地方依然不足，只好出售聖童之家，尋找更大片土地建院，幸再獲得巴黎外方傳教會的幫助。教會主動聯絡遮打爵士（Sir Catchick Paul Chater），協助購買怡和洋行在棉花路（Cotton Path）的位置。該址原是 1898 年創辦的香港棉紡織染公司，公司已遷至上海，街道名稱正是當年香港棉紡織染公司的歷史紀錄。後來，棉花路一帶改建為教堂、聖保祿修院、宿舍、孤兒院、學校及醫院，成為聖保祿建築群。醫院率先在 1916 年成立，服務延續至今，成為天主教教會在銅鑼灣的社區民生服務中，一個舉

足輕重的地方。

　　1941 年 12 月，日軍襲港，聖保祿醫院服務幾近停頓，卻成為人們的避難所。二次大戰期間，醫院受到空襲破壞，建築物受損，傷者不計其數，更有 7 名修女死亡，50 名孤兒喪命，傷亡慘重。

　　二次大戰後，聖保祿醫院迅速恢復服務，迎接戰後嬰兒潮的來臨，在 1949 年增設聖母產科醫院（Pavillion Notre Dame），增聘人手，救助嬰兒，又在 1976 年興建新翼，2009 年改建成樓高 20 層的建築物。百多年來，聖保祿醫院改善棄嬰情況，減少嬰兒夭折數目，確保母子平安，服務一直延續至今，貢獻良多。

## 基督君王小堂
### 銅鑼灣加路連山道 33 號

　　整個聖保祿建築群，除了聖保祿醫院外，還有基督君王小堂（Christ the King Chapel）。小堂建於 1928 年，由巴黎外方傳教會羅拔神父構思，何東夫人資助，建築師陳亞同（Joseph V. Chanatong）免費設計下建成。

　　基督君王小堂以古典復興風格建成，莊嚴簡樸，圓拱形頂蓋設計，配以科林斯柱支撐屋簷（除了四個角落是方柱外，其他都是圓柱），柱頂雕花，柱身筆直見底，像一棵大樹，象徵無窮的生命力。三角楣飾之間，有一鐘樓，雖已停止運作，但鐘樓的設立，引人注目，成為銅鑼灣一帶的地標。整座聖堂沒有一根支柱阻擋視線，充滿特色。教堂內部空氣流通，面積寬闊，可容納 1,000 人。右邊入口有一螺旋形樓梯，直達包廂（又稱為經樓）。二次大戰期間，教堂暫作醫院，照顧傷兵，保護平民。1995 年起，修院小教堂改稱「基督君王小堂」，現可容納一千多人，已被列作一級歷史建築。

↑ 基督君王小堂舊貌

↑ 基督君王小堂現貌

聖保祿修院和聖保祿學校，都是聖保祿建築群的一部份。聖保祿學校（St. Paul's Convent School）早在 1854 年創辦，原名法國傳道會學校，1955 年易名「聖保祿學校」，現址建築在 1981 年落成。教會日後在同區興辦更多學校，例如：聖保祿中學、聖保祿天主教小學等，不少以「聖保祿」命名，反映聖保祿修會是銅鑼灣區不可或缺的一分子。

↑　二次大戰後的聖保祿學校

↑ 聖保祿學校現貌

## 聖馬利亞堂
### 銅鑼灣大坑道 2A 號

　　除了天主教修會在銅鑼灣覓地外，基督教的聖公會都選址銅鑼灣，設立聖馬利亞堂（St Mary's Church）。該堂先在 1911 年於嘉寧徑成立，1936 年在大坑道現址奠基，原因是 20 世紀初的銅鑼灣，閒置地方較多，前往中環尚有一段路程，於是在銅鑼灣覓地，有助傳教及社福服務的發展。

　　20 世紀初，聖公會港粵教區（現稱「聖公會港澳教區」）成立晏氏棲留院（The Eyre Diocesan Refuge for Destitute Woman），收容無依無靠的婦女，使她們有棲身之所，可以讀書識字，學習謀生技能。倫義華會督（Bishop Gerard Heath Lander）運用於 1903 年捐港感恩奉獻的 960 元，在銅鑼灣購地皮一塊，以 3,550 元興建小禮拜堂，作崇拜及聚會之用，並以「聖馬利亞堂」命名。

　　當時東院道尚未命名，位置偏僻，幸而在第一次世界大戰後，除了怡和洋行和利希慎家族外，政府亦開始發展銅鑼灣，人口逐漸東移，教會的信徒倍增，工作順利進行。1930 年，杜培義會督（Bishop Charles Ridley Duppuy）發起建堂計劃，向政府購地六千多呎。想當年，現維多利亞公園一帶尚未填海，教會選址面向維多利亞港。四年後，何明華會督（Bishop Ronald Owen Hall）委派李求恩牧師擔任聖馬利亞堂主任，致力建堂。1936年 9 月動土，次年聖誕前夕，由何明華會督、莫壽增會督主持開幕，並於1940 年 12 月舉行 30 週年慶典及獻堂禮。後因日本襲港，戰後復原需時，延至 1949 年 3 月才祝聖。

　　自 1920 年代起，天主教與基督教大力提倡教會本地化，聖馬利亞堂的設計亦融入部份中國古典建築形制，成為香港現存其中一座中國文藝復興式教堂（另一座是馬頭圍香港聖公會聖三一座堂）。聖馬利亞堂由著名的周耀年李禮之畫則設計（Chau & Lee Architects）興建，費用約為六萬元，糅合中西

風格，外觀仿照中式宮廷設計，綠瓦紅磚，猶如昔日宮殿，是其一大特色，凸顯教義「基督為王」的信念，而頂部的蓮花金頂、兩邊龍形正吻、門前四根紅色中式樑柱、樓梯石欄、染色玻璃，還有正門中央的白色十字架，都是特色所在。內部則參考西方聖堂，成為中西合璧建築的寫照。

1940 年，政府收回聖馬利亞堂前地發展，向聖馬利亞堂補回後面地段，以作補償，使聖堂面積略有不同，但大體建築不變，現被列為一級歷史建築。當年建築費籌措不易，除了簡達才捐款兩萬元，並有杜澤文、林護、曾紀岳、楊雲卿等肩負募捐重責，籌款約一萬元，再以貸款才能完成建堂大計，成為今日香港聖公會教會建築的標誌。

1953 年，張綠薌牧師擔任聖馬利亞堂主任，鼓勵辦學，開設幼稚園和牧師宿舍；次年黃蒲霖牧師繼任，興辦聖公會聖馬利亞堂小學，1959 年竣工；四年後籌辦聖馬利亞堂中學，1964 年落成。1985 年，聖馬利亞堂小學停辦，聖馬利亞堂中學在 2006 年遷往長沙灣海麗邨，易名聖公會聖馬利亞堂莫慶堯中學，延續辦學使命。

↑ 1952 年的聖馬利亞堂

↑ 聖馬利亞堂內部

## 何東中學
### 銅鑼灣嘉寧徑 1 號及東院道 5 號

　　銅鑼灣的慈善組織及團體多不勝數，至於熱心公益的人物，不得不提何東（Robert Hotung）。

　　何東的父親是荷蘭裔猶太人何仕文（Charles Henri Maurice Bosman），母親是華人，他深受中華文化薰陶，為香港著名商人及慈善家。他在中央書院（現稱皇仁書院）畢業，接受西式教育，在怡和洋行任職，一年後獲擢升為買辦。後與弟弟創辦何東公司（Ho Tung & Co.），從事食糖買賣，1928年接辦《工商日報》。何東多年來投資有道，獲利後捐款興辦學校，熱心公益，所以在港九新界都有以何東為名的建築物及街道：九龍塘有何東道、新界有金錢村何東學校，港島就有何東中學（Hotung Secondary School）。

　　何東中學原名何東女子職業學校（Ho Tung Technical School for Girls）。早在 1952 年，何東寫信給英國教育大臣，希望建立一所新式的職業學校，應付人口急增的需求。次年 3 月，何東女子職業學校創校，由港督葛量洪（Alexander Grantham）與何東主持開幕，是第一所官立職業學校，總建築費 50 萬元，何東捐款 20 萬元，因此學校以「何東」命名。

　　何東女子職業學校原址是庇理羅士養正院，以 12,000 元建成，

↑ 1935 年 1 月，何東（右）與胡適（左）在香港大學接受名譽博士學位。

↑ 何東中學

1900 年開幕，但使用率不足，所以多年來建築物曾另作其他用途，1905 年曾為監獄，1911 年借給聖馬利亞堂作成立之用，其後又曾租借給聖保祿醫院，可惜二次大戰時被戰火波及而棄用。直至何東申請在該址建校，才得以在多年後培英育秀，人才輩出。

時至今日，「職業學校」此名稱看似陌生，但在 20 世紀，香港約有 30 所職業學校，為數不少。而何東女子職業學校的創辦，是以粵語及英語教學，培訓女生溝通技巧，並透過職業訓練，令學生學習自力更生。其中設立「模範家庭室」，教導女子成為賢妻良母，並開設職業夜班，教導編織縫紉，成效卓著。

隨着社會轉變，何東女子職業學校加入商業及藝術課程，以商科、家政、工藝為主，初時約有學生二百多名，直至 1963 年增設理科及中六級，增加學生的升學機會。1970 年，學校改稱「何東官立工業女中學」，加入工業教育課程，為香港進入工業發展時代作準備。

直至目前，何東中學是香港唯一一間官立女子學校能夠開辦分校，1983 年分為正校與分校校舍，正校位於嘉寧徑，東院道屬分校，足見其受歡迎程度。隨着文法學校增加，工業教育漸漸式微，加上政府 1997 年發表《職業先修及工業中學教育檢討報告書》，建議學校刪除「工業」或「職業先修」等字眼，何東官立工業女中學亦在 1998 年易名為「何東中學」，一直沿用至今。

從何東中學兩度易名，可見香港女子職業培訓，以及香港工業教育的發展與式微，見證香港工業教育的演變歷程。

## 東華東院
### 掃桿埔東院道 19 號

自東華醫院及廣華醫院創辦後，受惠者眾。隨着香港人口急升，醫療服務需求倍增，成為東華東院（Tung Wah Eastern Hospital）於銅鑼灣創辦的契機。

東華東院的歷史可追溯至 1921 年，當時集善醫所開辦，贈醫施藥，1924年由東華醫院接辦。東華醫院總理多次視察香港各地，在 1924 年獲港督司徒拔（Reginald Stubbs）於掃桿埔撥地，興建醫院，1929 年命名為「東華東院」，由港督金文泰（Cecil Clementi）主持奠基禮及開幕禮。東華醫院創辦之初，設二百多張病牀，為病人診治。

東華東院與東華醫院不同之處是，前者採用西式的醫療設備，設 X 光等先進設施，耗資接近 40 萬元，由東華醫院總理直接管理，並會每週巡視醫院，跟進服務。1930 年及 1932 年，東華東院先後在原址增建兩翼，樓高四層，增設產房及女護士寢室，耗資五萬多元。東華東院現已加入港島東醫院聯網，設專科門診、眼科、內科、老人科、復康科、糖尿科、矯形及創傷科等，服務範圍廣泛。

除了西方的醫療設備外，東華東院亦以西式建築風格建成，

↑ 東華東院

現時被列為二級歷史建築。門額「東華東院」四個大字,是清朝遺老陳伯陶所題。為了加強東華東院、東華醫院及廣華醫院三間醫院的管理效能,妥善分配資源,1931 年成立董事局管理,合稱「東華三院」,現已成為一個聲名遠播的機構。

東華三院成立後,除了醫療服務外,還提供更多社福、教育等服務,現已成立超過 90 年,規模龐大,服務惠及普羅大眾。

## 馬棚先難友紀念碑
### 掃桿埔東院道,近香港大球場

上文談及的東華醫院,除了提供醫療服務外,還有其他救濟工作,興建馬棚先難友紀念碑(Race Course Fire Memorial)就是其中之一。

1918 年 2 月 26 日,跑馬地馬場舉行賽事。當天馬場內外,人頭湧湧。時近下午三時,由於馬棚人數太多,以致不勝負荷,演變成「人壓人」的慘劇。加上觀眾席的熟食檔太多,煮食爐火在馬棚倒塌後,引發大火。由於當時馬場由茅草及竹木建成,火勢迅速蔓延,人們爭相走避,場面混亂,傷亡甚眾,造成超過 600 人死亡,史稱「跑馬地馬場大火」,成為香港最嚴重的火災之一。

馬場慘劇發生後,東華醫院肩負起救濟工作,撿拾遺體,途經聖保祿醫院旁邊山路運送(當時東院道尚未命名),並為死難者建醮,撫慰死者家屬,緩和社會不安,又建議政府設立公墓,於是政府撥出 1891 年建立的咖啡園墳場(Mount Caroline Cemetery)地段,安葬死難者。

咖啡園墳場的命名,源自一名巴西華僑帶着不少咖啡種子,到銷售量高的香港,打算尋找土質和氣候適宜種植咖啡豆的地方,最後選址掃桿埔一帶的山區。然而,咖啡樹苗不適應該處的土壤環境,不久便已枯死。巴西華僑血本無歸,無奈放棄咖啡園,但政府仍以「咖啡園」為當地命名,以資紀念。

1918 年的跑馬地馬場大火,在東華總理的捐助下,籌得 6,000 元善款,

↑ 馬棚先難友紀念碑

再與保良局、華商總會合作，為死難者搭棚建醮，超渡亡靈。東華主席唐溢川徵集墓園圖則設計，最後選中工務司署建築師何想的設計，由何想監督工程進行，再由民間籌募施工費用。直至 1922 年 8 月，墓園動工，名為「戊午馬棚遇難中西士女公墓」，設「馬棚先難友紀念碑」，以作紀念。公墓合葬中西人士，所以設計糅合中西風格，紀念碑建有三間四柱的中式牌樓，頂部蓋上綠色琉璃瓦，牌樓刻有「福、祿、壽」三字，下方三開間各有一個古典意大利風格的花崗石壁龕，嵌上雲石碑。門樓柱刻有對聯：

旅夢安歸驚斷離魂餘劫爐
馬蹄何處嘶殘芳草賸燒痕

　　正中刻有「中西士女之墓」碑石，列出死難者名字，兩旁刻有中、英文碑記，也有碑記記載選址及施工過程。紀念碑地台全以花崗岩鋪砌，最高的地台設有兩個涼亭，中間一層為紀念牌樓，最低一層為一對化寶塔，並將地台砌成弧形，與傳統墳墓的造型相似，設計可說是匠心獨運。

　　自 1974 起，馬棚先難友紀念碑曾多次修葺，以作保養，但力求保持原貌，維修費用由東華三院及英皇御准香港賽馬會（現稱香港賽馬會）撥捐，紀念碑在 2015 年被列為法定古蹟。東華三院每年都會在清明節前往拜祭。而香港賽馬會為免悲劇重演，所以重建馬場看台，改以混凝土建成，提升防火標準，避免意外重演。

↑ 紀念碑旁的化寶塔

筆之隨想：記得第一次到訪馬棚先難友紀念碑的
一則往事。當時是一次銅鑼灣寫生活動，心血
來潮拉大隊到訪這聞名已久的紀念碑。到達時細看
簡介發現，當日原來正與案發大火的農曆日子相同，
頓時覺得冥冥中總有安排。

# ② 加路連山道

　　加路連山道（Caroline Hill Road）有一特色，就是加路連山道石牆。石牆建於 1920 年代，由於香港花崗石產量豐富，而且堅固耐用，所以用作修建加路連山道的斜坡，並以石牆鞏固。石牆現時被列為三級歷史建築，是郵政體育會及電訊盈科康樂會的外牆。遊人可多注意這幅有百年歷史的外牆，實在牢不可破呢！

← ↑ 加路連山道的禮信大廈

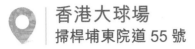

## 香港大球場
### 掃桿埔東院道 55 號

　　香港早期體育設施不足，常常為人詬病，甚至是體育運動發展的一大障礙。政府在二次大戰後，開始考慮興建大型體育設施，提升香港的體育水平，香港大球場（Hong Kong Stadium）就是其中之一。

　　香港大球場前稱政府大球場（Government Stadium），簡稱「大球場」，建於 1952 年，三年後啟用，由港督葛量洪主持啟用儀式，大球場初設 28,000 個座位，是一個公眾運動場，一直是香港主要的體育場地。

　　大球場一帶原稱「掃桿埔」，早在英國管治前已有紀錄，後來 1918 年跑馬地馬場發生大火，死難者埋葬在掃桿埔加路連山的公墓。位於掃桿埔的咖啡園早年建有天主教墳場，政府將白骨遷葬雞籠灣，以興建大球場。

　　政府大球場啟用後，初期以 1956 年亞洲盃足球賽最受重視，後來上演香港甲組足球聯賽時，經常全場爆滿，要懸掛紅旗，俗稱「扯紅旗」，球迷更攀上山坡，在山上欣賞球賽，成為不少香港人茶餘飯後的話題。

　　直至 1980 年代後期，香港賽馬會為了將大球場提升至國際標準，提出重建大球場的計劃，耗資 10 億港元，當中賽馬會資助 8 億，是為當年大型的建設項目。直至 1994 年 3 月，工程完成，正式命名為「香港大球場」。大球場上蓋以玻璃纖維製造，以拱頂覆蓋東西看台，構成一個碗形座位圈。拱頂以懸臂支撐，構成更宏偉的建築。大球場館分成三層，可以容納四萬人，曾舉辦賀歲盃、東亞運動會足球比賽、國際七人欖球賽等，吸引不少球迷入場欣賞。

　　2017 年，《施政報告》提出重建香港大球場，並興建啟德體育園，包括一個容納五萬人的球場，希望取代大球場。兩年後，康文署提議大球場重新發展為公眾運動場，滿足學校及居民的需要。究竟大球場日後命運如何？有待政府從長計議，並諮詢市民意見。

↑ 1960 年代的政府大球場

↑ 香港大球場現貌

## 南華體育會
### 銅鑼灣加路連山道 88 號

南華體育會（South China Athletic Association），簡稱南華會，1910 年創辦，前身是華人足球隊，在 1908 年成立，1927 年租用加路連山道地方作為會址，直至今天。

南華體育會以足球隊及籃球隊最為著名，曾是不少運動員慕名加入的球會，俗稱「上山」。二次大戰後，足球項目漸受歡迎，有所謂「南巴」（南華及九巴）大戰，吸引不少球迷欣賞比賽。

1960 年代保齡球廣受市民歡迎，南華體育會因此在 1966 年增設香港最大的保齡球場，既為運動員提供訓練場地，又為市民提供遊玩場所，成為不少市民假日的遊玩好去處，一舉兩得。

1976 年，南華會的體育大廈落成，樓高七層，設綜合體育館、舞蹈室等設施。1988年，樓高 17 層的體育中心啟用，設有符合世界標準的游泳池、桌球室、壁球場等，甚至成為 2009 年東亞運動會射擊比賽的舉辦場地，足證其設施符合國際標準。

↑ 南華體育會的建築物（地盤後）外型獨特

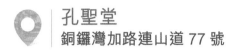

# 孔聖堂
**銅鑼灣加路連山道 77 號**

香港華人以往只有少數大型講學之地，孔聖堂成立後，迅速成為香港文化界主要集會場地。

1928 年，南洋兄弟煙草公司創辦人簡孔昭推崇儒家學說，經營煙草公司獲利後，慷慨捐出加路連山道 12 萬平方呎的土地，作為堂址。原因是堂址前面一帶是海灘，像孔子祖籍山東曲阜沿海之境，環境清靜，景色宜人。

1935 年，簡孔昭、曾富等號召建堂，籌款八萬多元。另外，簡孔昭一人獨力捐獻 35 萬，將堂址命名為「孔聖講堂」，又名「孔聖堂」。顧名思義，孔聖講堂宣揚儒家思想，以孔子為聖人，所以講學內容以儒學為主，宣揚仁義道德的精神。

12 月 10 日，孔聖講堂正式開幕，樓高三層，兩層為大禮堂，可容納千人。閣樓為藏書樓，小樓為議事室。建築仿照山東曲阜孔廟，天花板通氣口有玉如意的裝飾，閣樓拱形結構風格新穎，柱與樓板交接位都有中式雀替，實用優雅。孔聖講堂現已被評為一級歷史建築。

1939 年，孔聖堂以義學模式創辦兒童健康院，為兒童提供食宿，弘揚「有教無類」的精神，惜日本襲港而停辦。日佔時期，孔聖講堂被用作日軍辦公室，以致很多珍貴的歷史文件被燒毀，實屬可惜。

1941 年，孔聖講堂魯迅六十歲誕辰紀念會，由許地山擔任主席，蕭紅報告魯迅生平事蹟。令人詫異的是，孔聖講堂為一向反傳統和反孔的魯迅舉辦悼念活動，甚至在 1948 年舉辦紀念五四運動座談會，而五四運動期間曾以「打倒孔家店」為口號，孔聖講堂都不計前嫌，反映孔聖講堂包容的精神，處事作風開明。後來，不少碩學鴻儒都前往孔聖講堂演講，包括：錢穆、唐君毅、牟宗三、羅香林等，宣揚儒學的教育理念。

此外，孔聖講堂建堂初期，每天下午二時至四時，都有講者授課，宣揚

↑ 孔聖堂

↑ 孔聖堂中學

儒學,講授孔子思想。自 1976 年 10 月起,孔聖講堂第一屆國學研習班開課,初時延攬單周堯、陳耀南等專家講授,後來不同學者每逢週末都在孔聖講堂春風化雨,教授不同科目,甚至加入文字學、佛學等,課程多元,可見孔聖講堂對教學不遺餘力,成為香港一個舉足輕重的授課場所。

　　1948 年,大成中學創辦,為孔聖堂中學(Confucius Hall Secondary School)的前身,五年後易名現稱,以「孝悌忠信禮義廉恥」為校訓,傳播儒家思想。學校會慶祝孔子誕及孟子誕,早會及週會亦宣揚孔孟思想,一直春風化雨,未嘗懈怠。

　　孔聖堂創辦至今超過 80 年,致力傳播儒學,作育英才,在香港學術界一直擔當重要角色。

## 保良局
### 銅鑼灣禮頓道 66 號

鑒於 1970 年代香港販賣人口情況嚴重，逼良為娼的例子罄竹難書，原籍東莞的商人盧賡揚、馮普熙等聯名上書港督軒尼詩（John Pope Hennessy），主張成立機構以偵查及遏止誘拐婦孺為要務。1878 年 11 月 8 日保良局（Po Leung Kuk）成立，並以「保赤安良」為宗旨，後來社會服務擴展至教育、安老等，現已成為香港著名的慈善團體，造福社群。

在全港華商促請下，政府在 1880 年 5 月批准成立「保良公局」，保護婦孺，並獲東華醫院襄助，借出普仁街一址，收容有需要的婦孺，以及作辦公之用，所以曾有「東保一家」之說，反映兩個機構合作無間。

1882 年 8 月 5 日，英國理藩院通過《保良局條例》，並於報章刊憲，賦予權力，拯救婦孺，掃除歪風。及至 1893 年，政府修訂為《保良局組織條例》，並確立機制。其後保良公局收到不少線索，包括拐帶兒童及誘騙女子的案件，成功救助不少婦孺，令他們得以一家團聚；不少孤兒被熱心人士領養，重拾家庭溫暖；甚至曾拯救四十多名被拐帶的日本女子，後獲日本明治天皇贈送桐紋銀杯和獎狀，功績卓著。明治天皇的禮物，更成為保良局在日佔時期的「護身符」，免受日軍欺壓。

後因保良局收容人數急增，普仁街不敷應用，1932 年遷往禮頓道現址。同年保良局的中座大樓建成，在保良局總理姚得中協助下，中座大樓由奇勒及姚得中則師樓設計，以新古典主義及裝飾藝術主義風格建成，樓高兩層，左右勻稱，屋頂以圓頂建成，設有旗杆，正門設有一個中央塔，正門各處的束棒及浮雕裝飾，象徵公共機構的權力和團結。門廊在 1950 年代加建，支柱是西式建築，鑲有傳統石刻對聯，糅合中西建築特色。外牆及地板以不同顏色的水磨石鋪成，建築莊嚴簡樸，現被評為二級歷史建築。

現時保良局內分三部份：福利部、何東太夫人紀念堂及保良局歷史博物

館（原是總理會議室，曾改稱「保良局文物館」）。後者收藏大量文物，在星期一至六開放給公眾參觀。博物館前的房間以往是候訊室，為求助的婦孺錄取口供，登記資料。

1980 年代起，保良局與電視廣播有限公司合作，主辦大型籌款活動《星光熠熠耀保良》（前稱《星光熠熠勁爭輝》），在每年 9 月或 10 月舉行，以唱歌、表演等活動籌募經費，現已成為街知巷聞的籌款活動。

保良局成立超過 140 年，從開辦至今致力破除傳統重男輕女的想法，保護婦孺，遏止社會歪風，改善社會福利，協助政府解決種種困難，為民請命。

↑ 保良局

**筆**之隨想：保良局除了為弱小提供
合適土壤外，園內植物亦得到悉
心照料茁壯成長。

# 3 渣甸街

當我們在渣甸街（Jardine's Bazaar）小巴站候車，或光顧渣甸街的食肆，以至前往燈籠洲街市時，可以注意一下街道的英文名稱「Bazaar」，它與其他街道的英文名稱 Road 或 Street 不同。Bazaar 意指市場，想當年的渣甸街是由多個攤檔聚集而成，引來不少水手和工人光顧，其中發展令人聯想起怡和洋行在銅鑼灣的往事。

1841 年 6 月，香港在澳門第一次舉行土地拍賣會，商人威廉‧渣甸（William Jardine）亦參與其中。他在 1832 年 7 月創辦渣甸洋行，他以洋行的名義在拍賣的 40 幅土地中，購入了東角（現東角道一帶）鄰近淺灘的土地，當時市值 565 英鎊。1842 年，渣甸洋行易名為怡和洋行，取其快樂融洽的意思。

別以為東角一帶的土地面積細小，其實幾乎整個銅鑼灣的發展，都是從東角一帶開始推動。怡和洋行在東角興建碼頭，由今日的波斯富街至百德新街，都是怡和洋行的貨倉、工廠和辦公室，範圍廣闊。

1902 年，政府開發銅鑼灣一帶，於是以怡和洋行有關的人物和特色命名。除了本節談及的渣甸坊、渣甸街外，還有怡和街、東角道、勿地臣街、敬誠街、伊榮街、波斯富街、百德新街、景隆街等，甚至糖街和棉花路，都與怡和洋行有關，可見怡和洋行對銅鑼灣發展的影響深遠。原本經營鴉片及茶葉生意的渣甸洋行，自 1872 年起，拒絕再經營鴉片生意，銳意投資興建鐵路、船塢、工廠、礦務等，業務廣泛。

東角大班樓門外，曾設有一座巴洛克式的石拱門。想當年不少怡和大班都是英皇御准香港賽馬會的高層，所以在 1972 年，洋行將石拱門送給賽馬會，

↑ 1868 年前後，東角的渣甸洋行貨倉及辦公室。

放在上水香港賽馬會雙魚河鄉村會所門外，此石拱門一直是怡和洋行發展東角的鐵證。

　　而在鵝頭山（又稱為東角山），就興建了一些供怡和大班和經理居住的花園洋房。在香港開埠不久，威廉・渣甸便把渣甸洋行的總部，由廣州遷至香港。後來怡和洋行將東角山一帶轉售給利希慎，成為利園山發展的起源。

　　1950 年代，張祝珊的兒子張玉麟收購怡和洋行位於百德新街的貨倉，興建住宅區；1960 年代引進大丸（Daimaru）百貨公司，是銅鑼灣最早的日資百貨公司，此後日資百貨如雨後春筍般進駐銅鑼灣，對銅鑼灣發展為旅遊區，大有作用。

↑ 渣甸坊

# 燈籠洲

渣甸街內的燈籠洲街市（Tang Lung Chau Market），與燈籠洲（又稱奇力島，Kellett Island）相對，故有此稱。

昔日的燈籠洲是一個無人居住的島嶼，是維多利亞港的少數島嶼之一，後來政府以英國皇家海軍測量工程師奇力（Henry Kellett）命名該島，以資紀念。英治初期，政府曾在奇力島建有炮台，以防清軍入侵，直至九龍半島割讓後，奇力島才改為火藥庫，避免大量危險品危及民居，以策安全。

自 1940 年後，香港遊艇會從電氣道遷至奇力島，此後政府開始構思將奇力島連接港島，鋪設街道。1955 年，奇力島海堤率先連接波斯富街，使奇力島成為香港島的一部份。後來，政府在奇力島附近擴大填海工程，以便興建紅磡海底隧道，再於 1970 年代，填平維多利亞公園對出的運河，成為今日的告士打道，以便疏導海底隧道的車流，減少交通擠塞的情況。

↑ 1860 年代的奇力島

## 燈籠洲街市
### 銅鑼灣渣甸街 59 號

　　1950 年代，香港人口激增，部份人為求謀生，聚集在街邊擺賣，小販因而愈來愈多，渣甸街就是其中一個小販聚集地，渣甸街因而被稱為「渣甸墟」。後來政府為了改善街道狀況，以免影響市容，於是在 1963 年建成燈籠洲街市。建築師黃祖棠以現代主義建築設計，街市樓高四層，成為當年全香港最高的街市。街市的外觀簡樸實用，大致呈長方形。

　　遙想當年，街市沒有空調設備，於是在街市南北兩邊外牆設小窗戶，以幾何線條設計，整齊簡約，既可加強通風之效，又有陽光照射，確保室內光線充足，一舉兩得，成為現代主義建築的主要特色。

　　時至 21 世紀，燈籠洲街市空置率甚高，政府曾考慮關閉街市，後因區議會反對而暫時擱置。日後燈籠洲街市命運如何，有待政府和社會大眾最後定奪。

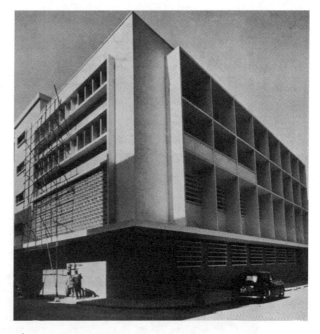

↑ 初建成的燈籠洲街市

↑ 燈籠洲街市現貌

# ④ 怡和街

　　怡和街（Yee Wo Street）屬於渣甸洋行在政府拍賣土地時投得的區域，後來洋行易名怡和洋行，政府亦以「怡和街」命名，日佔時期曾改稱「春日通」。怡和街人流暢旺，舖位租金曾經是全球之冠，也是不少日資百貨進駐的地方。

↑ 怡和石拱門

## 崇光百貨
### 銅鑼灣軒尼詩道 555 號

　　自 1960 年起，大丸百貨進駐銅
鑼灣後，松坂屋（Matsuzakaya，
1975 年）、三越（Mitsukoshi，1981
年）、崇光（Sogo，1985 年）等百
貨公司陸續加入，連同銅鑼灣區外
的西武、八佰伴等，使香港演變成
一個日本百貨的基地，而銅鑼灣就
有「小銀座」的美譽。

↑ 崇光百貨

1985 年 5 月 31 日，香港地下鐵路港島線通車，而香港崇光百貨（Sogo Hong Kong）也在同日開幕。香港崇光百貨原屬日本崇光百貨，1993 年擴建，成為全港最大百貨公司，現在樓高 19 層，位於銅鑼灣核心地帶，是旅客的購物中心，也是旅客和本地人追求潮流玩意的集中地。

1996 年，崇光百貨在東角道開設 The New Face by Sogo（後易名 Beaute @ Sogo）。2000 年日本崇光百貨宣告破產，華人置業集團的劉鑾雄及周大福珠寶金行的鄭裕彤以 35 億港元收購，與日本公司的財務互不統屬。同時，大丸、松坂屋等日式百貨公司相繼撤出香港，三越也在 2006 年離開香港，印證日式百貨風潮逐漸式微。

銅鑼灣日資百貨以態度熱誠、服務周到見稱，每天營業之初，向每位顧客鞠躬說早晨，天天貫徹始終，直至結業一刻，未嘗間斷。職員身穿整齊服飾，在電梯內為顧客按下不同樓層，熱誠服務，都是不少香港人的集體回憶。

← 灣仔富德樓遠望軒尼詩道
銅鑼灣方向

## 圓形天橋
### 銅鑼灣怡和街電車路軌之上

位於怡和街與糖街（Sugar Street）交界，在電車軌之上，有一座圓形行人天橋，興建時間眾說紛紜，部份人說是在 1963 年興建，也有部份人說是 1980 年代興建，究竟誰是誰非呢？

查考報章資料，怡和街行人天橋在 1985 年 8 月 21 日啟用，建築費 300 萬元，連接糖街、怡和街及邊寧頓街。原意是希望改善怡和街的行車速度，避免「人車爭路」。天橋工程配合重修和擴闊怡和街、邊寧頓街及糖街部份路面，改善交通，整項工程費用高達 660 萬元。

意想不到的是，怡和街行人天橋現已成為香港唯一一條「環型設計」的天橋，以圓形天橋（Circular Footbridge）的面貌示人，設計匠心獨運，運用 18 對拱型支架支撐，外型美觀奪目。

時至今日，天橋連接富豪香港酒店、樂聲大廈，吸引不少途人的目光，更有不少電影及電視劇在此取景，成為「短兵相接」、「情侶邂逅」之地呢！

↑ 圓形天橋下的電車路

筆之隨想：藝術品一直都在身邊，只是融入了生活，看外形已超越年代，感覺只有經典卻從未過時。

## 電車總站
### 銅鑼灣怡和街 88 號附近

除了山頂纜車外，香港電車也是香港島公共交通工具之中的另一個標誌。不少市民乘坐電車，都會嘗試前往總站，看個究竟。然而，香港有一個電車總站，只有一個迴旋處的小位置，而非一般認為的大總站。該迴旋處為東行的電車調頭，那就是銅鑼灣總站。

早在 1904 年電車通車時，銅鑼灣總站已經使用，與現時位置幾乎一樣，即是位於富豪香港酒店前。當東行電車駛入迴旋處時，就會改往西行，前往石塘咀、上環（西港城）或堅尼地城，接載乘客。

## 亞洲出版社
### 銅鑼灣怡和街 88 號

1950 年代，張國興在銅鑼灣電車總站前，設立亞洲出版社門市。或許令人難以想像，怡和街是一個車水馬龍的地方，曾經有一間著名的出版社營運。究竟張國興是誰呢？

張國興曾入讀國立西南聯合大學政治系，後來因病休學，前往印度，擔任聯軍翻譯員，為中國提供情報。張國興畢業後，在重慶的中央通訊社擔任記者，其後被調往南京，一年後在美國新聞機構合眾社任職，報道國共和談、國共形勢逆轉等新聞，初建名聲。

張國興抵港後，美國非常重視張國興的記者身份，希望與他合作，成為亞洲出版社創辦的先聲。亞洲出版社成立初期，職員不足十人，主要售賣外國書籍、雜誌、文具、體育用品等。1952 年 9 月 20 日，在福特基金會及自由亞洲委員會資助下，亞洲出版社每年獲得約 60 萬元資助，於是張國興在怡和

街的鬧市設立門市，自任社長，嚴選人才，聘請黃震遐任總編輯，司馬璐任副總編輯，趙滋蕃任文學作品評審。

亞洲出版社以「宏揚自由文化，砥礪士風」為宗旨，出版書籍，其中以司馬璐的《鬥爭十八年》最為暢銷（設有中、英、日、印四種譯本），又出版唐君毅《心物與人生》、殷海光《邏輯新引》等學術著作，張國興視之為「中國的文藝復興」。亞洲出版社成立短短五年，出版叢書達 250 本，成為香港文壇的出版重鎮，出版物遠銷台灣及東南亞各地區，促進文化交流。

亞洲出版社出版的文藝作品，包括：沙千夢的《長巷》、趙滋蕃的《半下流社會》等，為 1953 年 7 月成立的亞洲影業有限公司提供出色劇本，並配合同年 5 月創辦的《亞洲畫報》宣傳，達到三贏局面。《亞洲畫報》主要報道娛樂消息，銷量一度達三萬多份，位列遠東巨型畫報銷量第一名。後來，電影《長巷》獲得「第三屆東南亞電影節最佳編劇龍柱金像獎」；電影《半下流社會》捧紅了劉琦，令劉琦獲得「東方瑪麗蓮夢露」的美譽，贏盡口碑。

自 1958 年起，亞洲出版社資助被削，亞洲影業因而暫停拍攝，亞洲出版社減少出版，《亞洲畫報》停刊，怡和街門市亦告結業，現址已改建成富豪香港酒店。雖然如此，亞洲出版社及亞洲影業名垂千古，張國興實在功不可沒。

↑ 亞洲出版社社徽

# 5 百德新街

百德新街（Paterson Street）的命名，不只是紀念一個人，而是紀念一個家族——怡和大班約翰・約翰斯敦・百德新（John Johnstone Paterson）家族的貢獻。約翰・約翰斯敦・百德新的父親威廉・百德新（William Paterson）曾擔任怡和洋行合夥人，而約翰・約翰斯敦・百德新曾在 1921 至 1945 年擔任怡和大班，另為立法局議員及行政局議員，又曾參與香港保衛戰，被囚赤柱拘留營，直至香港重光，重整怡和業務。

## 香港造幣廠
### 銅鑼灣百德新街、告士打道、記利佐治街之間

英治初期，政府一直沒有發行貨幣，只以英鎊為貨幣，但又難以普及。因為香港以華人居多，當時華人以銀元為貨幣，令英鎊難以流通，而且英鎊發行地方遠在英國，香港隨時會貨幣短缺，甚至會造成「以物易物」的情況。

少數英資銀行例如東藩匯理銀行（Oriental Bank），在 1845 年於中環德忌笠街開設分行，後來發行紙幣，成為香港第一間發鈔銀行。直至 1863 年，英國皇家鑄幣廠（The Royal Mint）鑄造首批香港硬幣，最低面值只有一文（$0.001），其他包括一仙及一毫，並於 1864 年流通。問題是貨幣面額低，而且運送路途遙遠，運費驚人，途中也有風險。

1864 年，香港立法局通過《設立造幣廠條例》，斥資四萬英鎊，在今日的百德新街、告士打道、記利佐治街之間，興建香港造幣廠（Hong Kong Mint），並於 1866 年 5 月 7 日運作，鑄造面額五仙、一毫、兩毫、五毫、一

↑　香港造幣廠

元銀幣，成為香港第一個鑄幣的地方。

　　可惜碰上全球經濟不景，加上市民甚少使用銀幣，銀幣需求銳減，造幣廠產量下降，在 1868 年 4 月 25 日結業。造幣廠合共鑄造了六百四十多萬個銀幣，虧損高達 34 萬，造成政府負擔。最後政府以 6.5 萬元將造幣廠售予怡和洋行；又以 6 萬元將鑄幣機器售予日本的大阪造幣廠。直至 1872 年，英國鑄造的硬幣抵港，解決當時貨幣短缺帶來的種種困難。

## 糖廠
### 銅鑼灣百德新街、告士打道、記利佐治街之間

1878 年，怡和洋行將香港造幣廠原址租予中華糖局（China Sugar Refinery），興建香港第一間大型糖廠。

由於糖廠位處海邊，甘蔗從南洋及中國內地經海路輸入，運送方便。廠內設大型機械提煉及過濾，製成白糖、糖漿等製品，再售予英國、南洋及中國內地各地區，薄利多銷。

然而，糖廠使用的燃料從煙囱散發難聞的氣味，造成空氣污染。加上 1920 年代，世界各地產糖量大增，糖製品售價大跌，加上內地爆發內戰，令糖廠經營困難，最終在 1928 年結業。現在糖街的名稱正是當年糖廠屹立的佐證。

Praya East Hongkong and Jardines Sugar Factories

↑ 中華糖局

# 6 告士打道

1920 年代，灣仔大規模填海，由莊士敦道填至現時的告士打道（Gloucester Road）。告士打道以英王佐治五世（George V）第三子亨利王子，在 1928 年獲封為告羅士打公爵（Prince Henry William Frederick Albert, Duke of Gloucester）而命名。

告士打道昔日稱為「高士打道」，後來為免與銅鑼灣的高士威道混淆，所以改成現稱。日佔時期，告士打道改稱「東住吉通」，其後恢復舊稱。二次大戰後，隨着銅鑼灣的東角填海、奇力島連接香港島，告士打道發揮更大作用，行車路除了由四線擴闊至五線外，更連接紅磡海底隧道、香港仔隧道、東區走廊、東區海底隧道等，四通八達，是香港主要的交通幹道。

↑ 告士打道天橋

↑ 告士打道

# 怡和午炮
## 銅鑼灣避風塘岸邊

怡和洋行經營貿易生意，貨物依靠海上運輸，卻經常受海盜滋擾，於是在碼頭旁自設炮台作防禦。該炮台同時亦作禮炮之用，鳴炮歡迎或歡送英國高官、洋行大班等。據說 1850 年代，洋行如常鳴放禮炮後，卻觸怒一名海軍高官。海軍高官查明怡和洋行無權鳴炮，飭令洋行每天中午 12 時鳴放禮炮向船隻報時，作為懲處，此舉因而成為百多年來的傳統。每年除夕怡和亦會鳴炮，同樣成為傳統習俗，有送舊迎新之意。

香港淪陷後，禮炮被奪，不知所踪。皇家海軍在戰後送來一門新的大炮給洋行，1947 年 7 月 1 日，恢復午炮，每天依然炮聲隆隆。附近的景隆街（Cannon Street），英文名便意指「大炮」。跟昔日不同的是，自 1961 年起，炮台以速射炮代替，避免鳴炮的噪音影響附近居民，而炮台亦由昔日鄰近岸邊的景隆街一帶，遷至今日近銅鑼灣避風塘的位置。如今仍然由怡和集團作午間鳴炮，此活動印證怡和洋行的發展，是銅鑼灣昔日往事中不可或缺的一部份。

↑ 銅鑼灣避風塘

筆 之隨想：喜歡它遠近景觀的層
次，喜歡它的明暗對比，喜歡
水上三角天后廟的色彩，銅鑼灣避
風塘就是一個寫生的好地方。

↑ 怡和午炮

筆之隨想：於廟船上畫畫就是一種享受；享受着
清涼海風，言談之間線條於畫紙上起舞，把各
方面的煩惱盡掃。

# ⁊ 波斯富街

銅鑼灣的波斯富街（Percival Street）初譯「巴思華街」，後改現稱。街名以怡和洋行大班、身兼立法局議員的波斯富（Alexander Perceval）命名。波斯富是怡和洋行創辦人之一詹姆士‧勿地臣爵士（Sir James Matheson）妻子的親戚。他在 1853 年成為怡和洋行合夥人，1860 年晉升為怡和大班，更成為立法局議員，以及香港總商會首任主席，扶搖直上，直至 1864 年急流勇退，離開香港，可見波斯富街與怡和洋行的發展大有關係。

## 利舞臺
**銅鑼灣波斯富街 99 號**

銅鑼灣發展初期，怡和洋行是主要參與的公司，後來利希慎家族亦加入，逐漸將銅鑼灣發展成香港著名的旅遊地點。究竟利希慎是誰呢？

利希慎（Lee Hysan），原名利應，生於夏威夷，父親利良奕是美國華工。利希慎兒時在美國讀書，17 歲隨父親來港，入讀皇仁書院。畢業後曾經留校任教，後任香港上海滙豐銀行的職員，另曾到馬來亞、仰光等地工作。後來利希慎繼承父親的鴉片事業，於港澳販售，收入豐厚，人稱「鴉片大王」。

利希慎獲利後投資房地產，1923 年以 380 萬元購得怡和洋行的鵝頭山（又稱東角山、怡和山等）一帶土地（現址是希慎廣場至禮頓道一帶），範圍廣闊。利希慎原來計劃設廠提煉鴉片，後來政府禁售鴉片煙，他便開始建造利園山（Lee Gardens Hill），興建利園遊樂場。1925 年，利園遊樂場開幕，設有戲院、酒樓等，與同期的遊樂場如北角的名園、堅尼地城的太白樓等，爭一日之長

↑　利園牌坊

短。1927 年，利舞臺戲院（Lee Theatre）在波斯富街開幕，利園遊樂場不久
之後便停運，直至 1931 年結業。令人驚駭的是，1928 年利希慎在中環威靈頓
街附近被暗殺身亡，享年 49 歲。事隔近百年，利希慎暗殺案仍然是一宗懸案。

　　利希慎興建利舞臺，原意是孝順母親，為母親興建戲院方便欣賞粵劇。
香港早年的粵劇多在西環上演，對利家而言，交通或有不便，於是利希慎在
1927 年建成利舞臺，邀請有「電影皇后」之稱的胡蝶剪綵開幕，並由關德興
的新大陸粵劇團演出首場粵劇，使利舞臺蓬蓽生輝。

　　雖然利舞臺早期公映粵劇，但建築物設計以西式為主，兼集中國傳統
裝飾，被視為香港當時最豪華的表演場地。利舞臺面向波斯富街及禮頓道，
位置猶如一個三角形，在法國工程師的匠心獨運下，因地制宜，以三角形的
視覺推移，結構立體，建築宏偉。戲院還參考法國和意大利歌劇院設計，採

用喬治亞式建築風格，以大理石築成。大門頂建一小塔，繪畫九條金龍並以金箔裝飾，極具氣派。室內採用歐洲歌劇院佈局，舞台頂層有丹鳳朝陽的雕刻，象徵人才匯聚；下層有二龍爭珠雕刻，氣派非凡。加上建成全港第一個三百六十度旋轉舞台，又開創可自動轉換佈景的先河，設備先進。三層的觀眾席，可以容納 1,200 人，使利舞臺遠近馳名，成為高尚的娛樂表演場地，也成為銅鑼灣的地標。

由於利舞臺享負盛名，而且活動經常演出至深夜時份，所以電車每晚增設「午夜專車」，從利舞臺駛往石塘咀，方便觀眾回家。後來利舞臺除公映粵劇，還舉辦香港小姐選舉，以及鄧麗君、梅艷芳等著名歌星的演唱會等。

1980 年代，香港房地產價格急升，利氏家族開始考慮拆卸利舞臺，期望帶來更大的經濟收益。1991 年 3 月，希慎興業以 4 億 5,000 萬元，向利氏家族購入利舞臺。8 月 18 日，利舞臺正式謝幕，重建成今日樓高 25 層的利舞臺廣場（Lee Theatre Plaza），發展成商場，吸引商舖進駐。

從 1920 年代起，利希慎家族發展利園山和利舞臺，成為家喻戶曉的地方。二次大戰後，利園山逐漸被夷平，改建成利園酒店、崇明大廈、興利中心等，更吸引三越百貨進駐興利中心。直至 2006 年，興利中心拆卸，在 2012 年 8 月重建為希慎廣場（Hysan Place），吸引不少遊客光顧，可見利希慎家族一直以銅鑼灣為基地，帶動整個銅鑼灣的發展。

↑ 1930 年代的利舞臺

↑ 利舞臺廣場現貌

# 8 勿地臣街

如果我們與別人約會，相約在勿地臣街（Matheson Street）見面，或會令很多人摸不着頭腦，不知道勿地臣街在哪裏。可是，如果我們約對方在勿地臣街的時代廣場（Times Square），應該就明明白白了。

勿地臣街以怡和洋行創辦人之一詹姆士・勿地臣爵士命名。1832 年，勿地臣與威廉・渣甸創辦怡和洋行。怡和洋行成立後，銅鑼灣很多街道多以怡和洋行的重要人物命名，勿地臣就是其中一人。

勿地臣街一帶原是銅鑼灣電車廠，1920 年代，電車廠由寶靈頓道與堅拿道一帶，遷至羅素街，使波斯富街成為通往羅素街電車廠（時代廣場現址）的主要幹道。電車廠曾在 1950 年代擴建，所以被稱為「羅素街電車廠」或「霎東街電車廠」。1989 年，羅素街電車廠向港島西（屈地街）和港島東（西灣河）遷移，分成兩個電車廠，原址則改建成今日的時代廣場，原羅素街電車廠附近亦同時開始重建。今日的波斯富街，是電車駛往跑馬地的必經之路。

## 時代廣場
### 銅鑼灣勿地臣街 1 號

九龍倉集團在 1974 年購入羅素街電車廠，原址重建為時代廣場，費用高達 20 億元。時代廣場在 1994 年 4 月開幕，為銅鑼灣的大型購物商場，榮獲香港旅遊協會評選為香港十大景點之一，現已成為銅鑼灣地標。

時代廣場門口的鐘樓，以及會播放新聞及天氣報告的露天大電視，都是其著名標誌，甚至成為不少電影的拍攝地點。可惜鐘樓現已拆卸改建。而露

↑ 羅素街電車廠

天廣場平日是遊人休憩之地，或會舉辦大型展覽，增加人流。每年除夕夜，時代廣場幾乎都會模仿美國紐約時報廣場，舉辦除夕倒數活動，以「蘋果倒數」的方式，迎接新一年的來臨，吸引不少市民及遊客參與，新聞更有現場直播，反映時代廣場的吸引力。

　　時代廣場連接地下及地庫的扶手電梯，是香港首兩對弧型的扶手電梯，後來連接港鐵，更四通八達。時至今日，時代廣場集購物、娛樂、飲食於一身，成為世界著名的購物中心。

↑ 時代廣場

# 9 黃泥涌道

黃泥涌道（Wong Nai Chung Road）一帶原為黃泥涌谷，簡稱黃泥涌，因當地溪流黃色的泥水而得名，後來改建成寶靈頓運河（Bowrington Canal，又稱鵝頸澗或鵝澗），現已改為暗渠。自明代《粵大記》開始，已標示黃泥涌的所在地，表示已有不少人在當地居住，後有黃泥涌村（現跑馬地馬場及南面一帶）。香港開埠之初，約有 300 名村民，村民以吳姓及葉姓為主，以種植稻米、蔬菜，飼養家禽為生，小部份村民在摩理臣山採石建屋為業，生活簡樸。直至 1930 年代初，村民全部遷出，政府在原址興建鳳輝臺等洋房，並開闢藍塘道、山光道等，使跑馬地成為著名的中產住宅區。

時間回到鴉片戰爭後，英國人在香港建立殖民政府，在黃泥涌建軍營。可是，不少軍人在當地感染瘧疾而死。經政府研究，黃泥涌的農地滋生蚊蟲，散播傳染病，於是政府將黃泥涌的谷地填平，並將死者埋葬在黃泥涌一帶，闢作墳場，所以被稱為「快活谷」（Happy Valley），有帶往「極樂」的意思。1846 年，當地鋪成黃泥涌道，部份位置發展為馬場，成為香港賽馬事業發展的契機。

1841 年的香港島人口統計，可見黃泥涌的人口為 300 人。

↑ 跑馬地毓秀街上僅存的洋樓

## 跑馬地馬場
### 跑馬地黃泥涌道

　　跑馬地（Happy Valley）有廣義及狹義之分，廣義是指一個中產階級住宅區，狹義是指跑馬地馬場。先解釋廣義，跑馬地原名黃泥涌谷，是香港早期開發地區之一，因開發跑馬地馬場而得名。

　　1844 年，英國人認為快活谷一帶適合作賽馬活動，於是清理沼澤，興建馬場，並於 12 月啟用，所以快活谷又稱跑馬地。1846 年 3 月 10 日，馬場正式開始比賽。據《香港紀錄報》（*The Hong Kong Register*）所述，賽馬當天天氣晴朗，人山人海，參與人士都樂在其中。跑馬地馬場興建之初，以茅草建成，而且只有一條跑道，跑道內有稻田，可供耕作，其後因擴闊馬場而被填平，以便觀眾欣賞賽馬。

　　起初賽馬是洋人流行的活動，多由港督主禮，可見洋人對賽馬的重視程度，竹棚看台是供外國人欣賞賽馬之用。至於華人，則只能在跑道旁邊，打傘觀賞。今天的養和醫院旁有一塊大石，也是當時華人欣賞賽馬之地，有「大石鼓」之稱。

　　日佔時期，日本人稱跑馬地為「青葉峽」，跑馬場曾改稱「青葉峽競馬場」，賽馬由日軍主辦。後來重光後改回本名。1946 年 1 月，英國軍人體育會在馬場舉行賽馬活動，直至 1947 年才正式復辦賽馬。其後，馬場場面異常熱烈，曾掛起「紅旗」，代表全場滿座。

　　1971 年，原是業餘的賽馬活動轉為職業化，使賽馬活動更為多元化及趨向專業。1978 年 10 月 7 日，沙田馬場開幕，成為香港主要的賽馬場地，賽事多在星期六、日舉行。跑馬地則舉辦次要賽事，多在星期三舉行，成為不少人士工餘的娛樂。

　　1884 年 11 月 4 日，香港賽馬會成立，組織董事局，設立會員制度，1955年將盈餘撥作慈善用途，四年後成立香港賽馬會（慈善）有限公司。1961 年，

英女王伊利沙伯二世為表揚賽馬會在慈善事業貢獻良多，賜予「英皇御准」的榮號，成為英皇御准香港賽馬會（The Royal Hong Kong Jockey Club）。直至 1996 年，時近香港政權移交，「英皇御准香港賽馬會」回復舊稱「香港賽馬會」。香港賽馬會對內熱心公益，對外邁向國際，為香港賽馬史寫下新一頁。

↑ 1918 年跑馬地馬場大火

筆之隨想：飲品與音樂就是人們溝
通之催化劑，親身感受就會見到
馬場的另一面⋯⋯當然賭博不可沉迷
是必須的。

# 天主教聖彌額爾墳場
跑馬地

1840 年代初，英軍在黃泥涌居住，駐守東角海邊，慎防清軍入侵。可是，黃泥涌一帶屬沼澤之地，有瘴氣，而且天氣潮濕，令不少英軍水土不服，甚至因而死亡。1848 年，香港政府以每年象徵式收取一元租金的方式，租借黃泥涌的土地給天主教會興建墳場，並由教會管理，為期 999 年。墳場以天使長聖彌額爾命名，成為今天的天主教聖彌額爾墳場（St. Michael's Catholic Cemetery），俗稱「跑馬地天主教墳場」，是天主教在香港歷史最悠久的公眾墳場。墳場主要安放神職人員、教友、慕道者等的遺骸。

1916 年，墳場以西一帶，興建具意大利文藝復興特式的聖彌額爾小堂（St. Michael's Cemetery Chapel），以圓拱形堂頂，加上頂塔，左右以多利克柱裝飾。2009 年，天主教墳場的門樓及小堂同被列為二級歷史建築，屬香港教區重要的文化遺產。

↑ 昔日的聖彌額爾小堂

↑ 聖彌額爾門樓

1848 年，墳場建成聖彌額爾門樓，頂端是聖彌額爾雕像，身穿戰士服飾，手執長矛屠龍，寓意《聖經》打敗魔龍（撒旦化身）的故事。墳場興建之初，只埋葬外籍人士，直至 1872 年，墳場開始安葬華人。

1977 年，政府興建香港仔隧道，連接銅鑼灣天橋，改建道路，天主教教區將門樓遷至現時的中央位置。門前有一副對聯：

今夕吾軀歸故土
他朝君體也相同

從對聯格式來看，並不符合對仗。然而，這兩句是意譯查理曼（Charlemagne）的老師的拉丁文名句，意指人們一定長埋黃土，並以亡者立場勸勉在世的人珍惜生命，以待不朽與永恆之談，此對聯亦因而變得街知巷聞。

直至 1980 年代，墳場已有二萬多個墓地，香港歷任天主教教區主教逝世後，都會在天主教聖彌額爾墳場下葬，包括恩理覺主教、胡振中樞機、楊鳴章主教，而徐誠斌主教、李宏基主教後來遷葬至聖母無原罪主教座堂的福全小堂。另有英軍軍人、影星林黛、播音員林彬等都安葬於此。

墳場內的佈置有不少天主教的象徵：十字架、聖人、天使等，還有雕像和被填平的噴泉，成為不少電影及電視劇的拍攝地點。

↑ 聖彌額爾小堂現貌

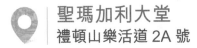

## 聖瑪加利大堂
### 禮頓山樂活道 2A 號

聖瑪加利大堂（St. Margaret's Church）廣受普羅大眾認識的原因，源於電影或電視劇曾多次借用，作為拍攝結婚場面的場地，也因此吸引不少信眾在聖瑪加利大堂舉辦婚禮。

20 世紀初期，天主教教會與政府交換地方，售出聖方濟各堂，部份款項用以在跑馬地興建聖瑪加利大堂。本堂由宗座外方傳教會所建，1923 年 2 月 3 日奠基，1925 年 1 月 25 日祝聖，是東方第一所由聖女瑪加利大（St. Margaret Mary Alacoque）為名的教堂。

聖瑪加利大堂由意大利建築師幹尼剌（U. Gonella）設計，屬古典復興主義建築，門廊由四根多利克柱支撐，構成希臘殿堂門面。石柱上的山形拱，有一個圓花窗，有金漆「天主教堂」四字，顯得格外宏偉。

教堂內部以法國 18 世紀建築理念，結合古典與歌德式柱列，承托圓拱型天花，天花填滿浮雕方格，給人勻稱的感覺。盡頭設有半圓形聖所，旁邊有螺旋形石級直通鐘樓，別具一格。教堂設計獨特，莊嚴而富有格調，自然成為熱門拍攝場地。

1949 年 1 月，聖瑪加利大堂升格為堂區，服務銅鑼灣一帶，包括：玫瑰崗學校小堂、華仁書院小堂、基督君王小堂等。本堂被評為一級歷史建築，歷史悠久，吸引市民慕名而來。

聖瑪加利大堂

# 維多利亞城界碑
## 跑馬地黃泥涌道

　　英治時期，政府以中環為中心，將中環及附近劃為城區，稱為「維多利亞城」（City of Victoria），後來擴大為約，而有「三環七約」及「四環九約」之說，範圍由今日港島西的堅尼地城，至灣仔的跑馬地為界，並在 1903 年豎立界碑（City Boundary Stone），顯示維多利亞城的位置。

　　目前找到至少十座界碑，其中一座位於跑馬地聖保祿天主教小學對面的行人路，應可視為維多利亞城東面界線，證明跑馬地與銅鑼灣一帶，屬於維多利亞城的範圍，是香港發展的重大標誌。

　　維多利亞城界碑像一座四角錐體，高約一米，刻有「City Boundary 1903」的字樣，代表維多利亞城範圍及建碑年份。界碑距今超過百年，部份或被移走，或已受損，或已不翼而飛。幸而，近年發現的界碑愈來愈多，對研究昔日維多利亞城的範圍及措施，大有幫助。

↑ 跑馬地的維多利亞城界碑

銅鑼灣原是一個只有數百人居住的小海灣，經過怡和洋行開創新天，利希慎家族建基立業，西方宗教組織、本地慈善團體工作惠及大眾，百載耕耘，鍥而不捨，使銅鑼灣成為著名旅遊地點的同時，亦見蓬勃的商業發展與利民事業。從東院道步行至跑馬地，見證銅鑼灣的百年基業。

↑ 錫克廟

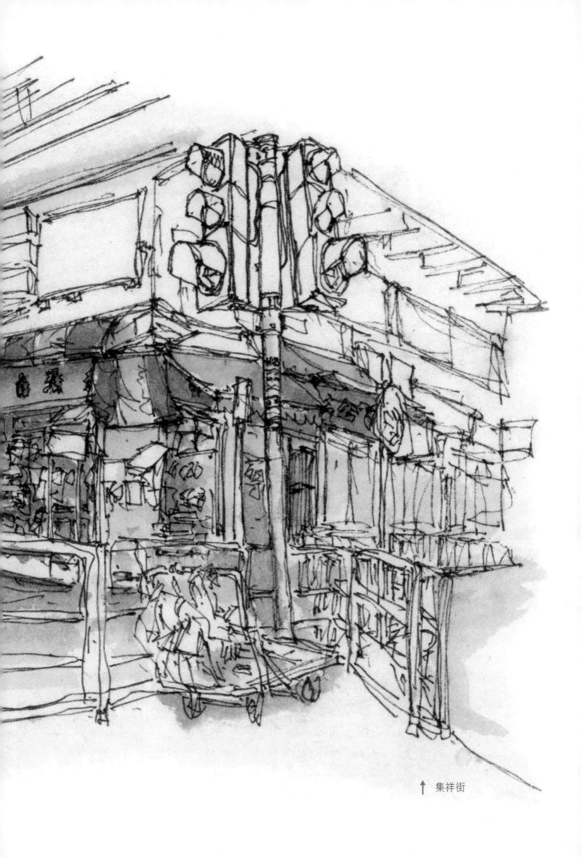

↑ 集祥街

# 速寫現場紀錄

www.cosmosbooks.com.hk

| | | |
|---|---|---|
| **書　　名** | 香港街道畫當年 | |
| **作　　者** | 柴宇瀚　彭啤 | |
| **繪　　圖** | 彭　啤 | |
| **策　　劃** | 林苑鶯 | |
| **責任編輯** | 蔡柷音 | |
| **美術編輯** | 郭志民 | |

**出　　版**　天地圖書有限公司
　　　　　　香港黃竹坑道46號
　　　　　　新興工業大廈11樓（總寫字樓）
　　　　　　電話：2528 3671　傳真：2865 2609
　　　　　　香港灣仔莊士敦道30號地庫（門市部）
　　　　　　電話：2865 0708　傳真：2861 1541

**印　　刷**　美雅印刷製本有限公司
　　　　　　香港九龍觀塘榮業街6號海濱工業大廈4字樓A室
　　　　　　電話：2342 0109　傳真：2790 3614

**發　　行**　聯合新零售（香港）有限公司
　　　　　　香港新界荃灣德士古道220-248號荃灣工業中心16樓
　　　　　　電話：2150 2100　傳真：2407 3062

**出版日期**　2023年7月／初版・香港